가장 민주적인, 가장 교육적인

별도의 표시가 없는 한 교육공동체 벗이 생산한 저작물은 크리에이티브 커먼즈 [저작자표시-비영리-변경금지 4.0 국제 라이선스]에 따라 이용하실 수 있습니다.
http://creativecommons.org/licenses/by-nc-nd/4.0

가장 민주적인, 가장 교육적인
― 가르치는 민주주의를 넘어

ⓒ 정용주 외, 2017

2017년 10월 30일 처음 펴냄
2021년 3월 2일 초판 5쇄 찍음

글쓴이 | 홍윤기, 호야, 하승우, 쥬리, 조영선, 조성실, 정은균, 정용주, 이정희,
　　　　오진식, 배이상헌, 박복선, 박동준, 밀루, 공현, 고영주
기획·편집 | 이진주, 설원민, 공현
출판자문위원 | 이상대, 박진환
디자인 | 이수정, 박대성
종이 | 화인페이퍼
제작 | 세종 PNP

펴낸이 | 김기언
펴낸곳 | 교육공동체 벗
이사장 | 심수환
사무국 | 최승훈, 이진주, 서경, 설원민, 김기언, 공현
출판등록 | 제2011-000022호(2011년 1월 14일)
주소 | (03971) 서울시 마포구 성미산로1길 30 2층
전화 | 02-332-0712, 070-8250-0712
전송 | 0505-115-0712
홈페이지 | communebut.com
카페 | cafe.daum.net/communebut

ISBN 978-89-6880-042-9 03370

/ 오늘의 교육 총서 /

가장
민주적인,
가장
교육적인

가르치는 민주주의를 넘어

홍윤기 호야 하승우 쥬리 조영선 조성실
정은균 정용주 이정희 오진식 배이상헌
박복선 박동준 밀루 공현 고영주

교육공동체벗

차례

책을 펴내며
민주주의와 민주주의교육, 그 영원한 떨림 … 7

1부
학교는 민주주의를 원하는가

학교와 민주주의? 박복선 … 12
민주주의는 탁월함에 대한 저항이다 정용주 … 32
실패 없는 민주주의는 없다 하승우 … 45
없으면 절대 안 되는 정치와 권력을 왜 안 가르치나 홍윤기 … 61

2부
교육과 민주주의, 그 사이의 긴장들

'학급공동체'에 대한 동상이몽 조영선 … 80
학교는 모든 문제를 꼭 해결해야 하는가 이정희 … 95
나는 민주적인 교사가 아니다 조성실 … 110
우리는 평등해질 수 있을까 박동준 … 121

3부
민주주의를 교육하라?

파인 홈을 지우는 민주시민교육 고영주 … 134

민주시민교육을 그만두는 것이 가장 민주적이다 호야 … 147

당신은 나를 민주 시민으로 만들 수 없다 밀루 … 159

학교에 '진짜' 민주주의교육을 허하라 정은균 … 166

4부
가르치는 민주주의를 넘어

먼저 민주주의를 묻는다 쥬리 … 180

학교 민주주의, 학생의 정치적 권리 보장 없이는 불가능하다 오진식 … 188

학교는 '정치판'이 되어야 한다 공현 … 201

학교 민주주의, '학생 사회'를 상상하라 배이상헌 … 212

책을 펴내며

민주주의와 민주주의교육,
그 영원한 떨림

지금으로부터 2,600여 년 전. 유럽 대륙의 남동쪽 끝에 살던 그리스인들이 오늘날 역사적 측면에서 볼 때 바퀴, 인쇄술, 증기 기관과 어깨를 나란히 하는 '그것'을 발명했다. 그것은 폭정에 맞선 저항을 배경으로 하여 태어났으며 처음에는 별다른 주목을 받지 못했다. 이 발명품에 참신한 특색이 있다는 것을 인정한 사람은 별로 없었다. 오히려 이 발명품 때문에 세상에 더 많은 혼란이 빚어질 것이라고 비난하는 사람도 있었다. 이 발명품이 장차 전 세계 사람들에게 호소력을 발휘할 것이라고 예측한 사람 또한 많지 않았다. 이 발명품은 그저 인간사라는 거대한 수레바퀴의 일부분으로 보였고 적대 세력들 사이에 벌어진 권력 투쟁의 또 다른 사례로 여겨졌을 뿐이다.

그러나 이 발명품은 마치 쇳가루가 자석에 끌리듯 헤아릴 수 없이 많은 사람들을 매료시켰으며 전 세계로 확산되었다. 이 발명품은 사람들에게 자기 자신을 새롭게 상상해 보고 이제까지와는 다른 삶의 방식을 선택하라고 요구했다. 그리스인들이 이 발명품에 붙인 이름은 인민demos에 의한 지배kratia로서 데모크라티아demokratia, democracy였다.

우리는 민주주의democracy를 인민들이 스스로 통치하는 것이라고 단순하게 개념화하고 이해하고 있지만, 민주주의는 그 자체로 급진성을 가진 개념이다. 민주주의는 두뇌나 혈통 등 탁월함에 근거한 소수자의 지배를 거부한다. 달리 말해 인간이 서로 평등한 존재로서 이 땅 위에서 어떻게 함께 살아갈지를 스스로 결정하고 운영하는 것이다.

그러나 민주주의 발명 이후 지금까지의 역사는 민주주의에 대한 두려움의 역사였다. 민주주의는 늘 효율성과 유용성의 공격을 받아 왔고, 탁월함에 의한 지배를 받아 왔다. 앞으로 역사가 지속되는 한 언제까지나 이러한 공격은 지속될 것이다. 이 점에서 민주주의는 완성된 형태로도, 고정된 모습으로도 존재하지 않는다. 민주주의는 늘 이행移行적이다.

본래 민주주의는 아르케arche, 원리를 갖지 않는다. 이것은 민주주의가 인민에 의한 지배라는 원리 이외에는 속이 비어 있다는 것을 의미한다. 다시 말해 평등, 자유, 권리, 관용 등의 가치는 교육을 통해 채워야 하는 것이다. 여기에서 민주주의와 민주주의교육 사이의 긴장이 발생한다. 교육을 받지 못한 상태라고 하여 인민에 의한 지배라는 원칙이 훼손당해서도 안 되지만, 민주주의에 대한 교육 없이 속이 빈 민주주의는 지속되기 어렵다. 특히나 지금처럼 어마어마하게 복잡해진 사회에서 민주주의는 교육받고 사려 깊고 민주적인 감각을 지닌 인민을 필요로 한다. 민주주의가 살아남기 위해서는 민주주의에 필요한 교육을 받은 인민이 존재해야 한다. 그리고 그런 교육에는 자신과 자신이 속한 사회에 대한 비판적 이해와 판단력이 포함된다. 이는 교육이 민주주의에 늘 내재된 것은 아니지만, 민주주의의 지속가능성을 위해 교육이 반드시 필요하다는 것을 의미한다.

결국 민주주의교육은 인민에 의한 지배라는 민주주의의 이상을 훼손하지 않으면서도 시민의 양성이라는 교육 목표가 서로 만나면서 긴장 관계를 유지하는 것이 중요하다. 이 점에서 민주주의를 가르친다는 것, 그리고 민주주의를 넘어선다는 것은 영원한 떨림이다.

2017년 10월
저자들을 대신하여 정용주

1부

학교는 민주주의를 원하는가

학교와 민주주의?

박복선 성미산학교 교장 pbs6201@hotmail.com

곧 육십인데 생각은 흐리다. 몸은 여선히 무겁고 손은 투박하다. 영혼은 자주 외출 중. 이제야, 진짜 잘 살고 싶다는 마음이 드는 것 같다.

"그게 서로 안 어울리는 것인데!"

나딩스가 '행복과 교육'에 관한 책을 쓰고 있다고 하자, 지인이 그렇게 말했다고 한다. 어울리지 않기로는 '학교와 민주주의'라는 짝도 그에 못지않은 것 같다. 학교와 민주주의라니! 나는 '안 어울리는' 보다는 '적대적'이라는 표현을 쓰고 싶다.

우리는 꽤 오랫동안 학교를 민주적 공간으로 만들기 위해, 학교에서 민주적 시민을 길러 내기 위해 분투해 왔다. 그것이 다 헛되지는 않았을 것이다. 그러나 현실을 보면 학교에서는 여전히 민주주의가 꽃을 피우지 못하고 있다. 학생인권조례가 학교 안에 들어오고, 일부 대안학교나 혁신학교에서 의미 있는 사례가 나오지만, 이것들은 그야말로 예외적 사건일 뿐이다.

왜 그럴까? 나는 지금 이곳의 학교는 민주주의를 꽃피울 수 있는 정원이 아니라고 생각한다. 토양이 척박해도 너무 척박하다. 물론 정원사도 좀 서툴러 보인다. 그러나 아무리 유능한 정원사라도 이런 토양에서 민주주의의 꽃을 피운다는 것은 여간 어려운 일이 아니다.

민주주의? 순진하기는

우리 헌법 1조는 '대한민국은 민주공화국이다'라고 하여, 우리가 '민주주의'를 정체政體로 하고 있음을 분명히 하고 있다. 양식이 있는 사람이라면 대놓고 민주주의를 부정하지는 않는다. (혹은 못 한다.) 학교도 민주 시민 양성을 중요한 목표로 삼고 있다.* 그러나 현실에서 그것은 선언에 지나지 않다는 것을 우리는 잘 알고 있다.

최근 우리는 민주주의에 반하는 많은 일을 보았다. 정권의 역사 교과서 국정화 강행, 국정원의 광범위하고 치밀한 정치 개입, 비판적 인사들에 대한 지속적인 감시와 탄압, 미디어들의 노골적인 수구 편향, 일부 기독교의 집요한 동성애 차별 운동, 핵 마피아들의 공세적 선전 등은 우리 민주주의가 대단히 허약하다는 것을 보여 주었다. 민주주의를 싫어하는 사람들이 적지 않을 뿐만 아니라 힘도 셌던 것이다.

4.19혁명, 5.18민주화운동, 6월항쟁, 촛불 혁명은 민주주의를 향한 큰 성취였다. 지금은 대의제 민주주의, 절차적 민주주의를 넘어 넓고 깊은 민주주의로 나아가기 위한 다양한 실험이 이루어지고 있다. 그러나 한편에서는 기득권 세력이 끊임없이 민주주의를 왜곡하고 있다. 그들은 소위 '보수'를 자처하면서 정치 지형의 반을 자신의 영토로 고수하려고 한다.

학교는 사회의 영향을 강하게 받을 수밖에 없다. 민주주의에 적대적인 세력의 힘이 강하면 제도적으로 교육 내용과 방식이 제한되고, 심리적으로 교사와 학생은 위축된다. 과거 독재 정권 시절에 학

---

* 한국의 교육과정은 초등학교에서 '규칙과 질서를 지키고 협동정신을 바탕으로 서로 돕고 배려하는 태도'를 기르고, 중학교에서 '공동체 의식을 바탕으로 타인을 존중하고 서로 소통하는 민주 시민의 자질과 태도'를 기르고, 고등학교에서 '국가 공동체에 대한 책임감을 바탕으로 배려와 나눔을 실천하며 세계와 소통하는 민주 시민으로서의 자질과 태도'를 기르는 것을 중요한 목표로 제시하고 있다.

교는 노골적으로 정권을 홍보하거나 정권의 프로젝트에 국민을 동원하는 도구였다. 자유, 자율, 자치 같은 것은 학교에서 자취를 감추었다.

지금은 물론 그때처럼 노골적이고 폭력적인 방식으로 통제를 하지는 못한다. 학교는 상대적으로 자율적인 공간이 되었으며, 폭력적 억압은 사라졌다. 그러나 과거의 유산은 도처에 남아 있어 여전히 큰 영향력을 행사한다. 이데올로기로, 제도로, 관습으로. 부모는 말할 것도 없고, 교사나 학생이 자율적으로 할 수 있는 일은 거의 없다. 학교 운영, 교육과정 편성과 운영, 자치 제도의 운영에서 학생들의 목소리는 들리지 않는다. 심지어 대부분의 학교에서는 아직까지도 복장과 헤어스타일을 선택할 자유도 없다. (학생들과 협의하여 결정하는 학교도 있다고 하는데, 그 협의가 어떻게 이루어졌는지 알 수가 없다. 이것이 협의할 사항인지 따지기 어려운 것은 물론이고.)

특히 사회 참여적 활동에는 강한 제재가 따르기도 한다. 미성숙한 어린이나 청소년들이 정치에 참여하면 안 된다는 것이다. 사회 참여가 대단히 좋은 교육이라고 주장하는 교사나 부모는 점잖게 표현하면 이념적으로 편향된 운동권이고, 노골적으로 말하면 '종북 좌파'다.

김재경 새누리당 의원은 이날 오전 국회 본회의 대정부질문에서 비인가 대안학교의 연대체인 '대안교육연대'를 종북 성향으로 규정한 뒤, "설립자나 교사 대부분이 강성 전교조나 종북좌익단체 출신이고, 수학여행을 간다면서 제주 강정마을 집회 현장을 찾아가고, 베트남에 가서 한국

군 민간인 살해 현장을 구경하고 있다"고 비판했다.*

한 국회의원이 비인가 대안학교의 현장 학습을 '종북 교육'으로 몰아가면서 대책을 세우라고 했다. 이에 대해 장관은 "문제가 많다"고 하면서, "지금 대안학교에 대해서는 등록제를 도입한다든지 해서 일정한 범위 내에서 시설이나 교원 여건 또는 교육과정에 대한 기준이 필요"하고, 이에 대한 대책을 준비 중이라고 했다. 일반 학교에서야 더 말할 필요도 없다.

민주주의교육에서 사회가 해야 할 역할 중 하나는 '좋은 공론의 장'을 보여 주는 것이다. 함께 모여 공동의 문제에 대해 토론하고 합리적인 결론을 내리는 과정을 보여 주는 것이야말로 살아 있는 민주주의교육이다. 대통령 선거는 이런 점에서 교육의 장이기도 하다. 그러나 형식적인 공정성, 빈약한 문제 설정, 악의적이고 저열한 공격, 짧은 시간, 후보자들의 자질 부족 등으로 좀처럼 좋은 토론을 보기 어려웠다. 이런 토론을 보면서 청소년들은 무엇을 배웠을까? 민주주의에 대한 환멸과 냉소 같은 것 아니었을까?

모든 시민들이 아고라에서 도시의 일을 의논하던 아테네의 민주주의는 '시민의 지혜'에 대한 믿음에 기반을 둔 것이었다. 시민들은 자신들의 운명을 결정하는 자리에서 열린 마음으로 경청하고, 이성적으로 판단한다. 모든 시민들을 존중하는 마음이 토론을 가능하게

---

* "정부 여당 "종북 성향 대안학교 대책 마련해야"", 〈뷰스앤뉴스〉, 2013년 11월 25일.

한다. 아직 모든 시민들을 존중하는 마음이 없는 사람들이 많다. 이런 사람들이 많은 사회에서 민주주의는 자라기 어렵다.

자치를 허許하노라

과거에 비해 '학교 자치' 영역이 확장된 것은 틀림없다. 모든 학교에는 학교운영위원회가 구성되어 있고, 학부모회, 교사회, 학생회도 있다. 그런데 그런 자치 기구에서 학부모, 교사, 학생들은 무엇을 스스로 다스리는 것일까?

서머힐은 자유교육의 성지로 알려진 곳이다. 교장과 학생이 동등한 자격으로 참여하는, 종종 학생들이 교장의 제안을 거부하는 결정을 하기도 하는 자치 회의는 특히 유명하다. 우리 사회에서도 많은 대안학교들이 이에 영감을 받아서 비슷한 방식으로 자치 회의를 운영한다. 그런데 자치 회의에서 다루는 사안은 대개 기숙사 생활에서 생기는 문제들이다.* 어찌 보면 소박한 수준의 회의라고 볼 수 있다. 그러나 중요한 것은 '실질적으로' 자치를 한다는 것이다.

우리 같은 기숙학교의 이점 중 하나는 수업 시간이 다 끝나더라도 하

---

* 자치 회의에서 학교생활 중 생기는 다양한 문제들을 다루기도 하지만 재정이나 인사 문제, 교육과정 문제 같은 것에 대해서 활발한 토론을 하는 것 같지는 않다. 실제로 닐은 학생들이 재정이나 인사 같은 문제에 별로 관심이 없다고 하였다. 그리고 모든 문제가 다 자치 회의에서 다루어지는 것도 아니다. '옴부즈맨' 제도가 있어서 굳이 전체 회의에서 다룰 필요가 없다고 판단되는 것은 중재에 의해 합의를 보기도 한다.

루 일과가 끝나지 않는다는 점이다. 우리에게는 공동체의 자치 제도가 있어서 아이들은 거기서 자신들의 법률을 만든다. 다른 학교에서는 아이들 스스로가 다스려 나갈 것이 아무것도 없다. 왜냐하면 학교란 수업을 의미하기 때문이다.*

닐의 이 말은 사실 과장이라고 볼 수도 있다. 어떻게 '아무것도' 없을 수가 있겠는가? 형식적인 회의가 아니어도 학교의 일상적 삶에서는 많은 문제가 발생하고 그것을 토론과 합의를 통해 해결하는 경우가 없지 않을 것이다. 그러나 모든 성원들의 집단적 지혜를 모아 공적으로 해결하는 경우는 거의 없을 것이다. 또한 '일상적 삶'의 의미가 다르다. 서머힐에서 일상적 삶은 학교생활의 중심에 있다. 일상적 삶 자체가 소중하고 잘 가꾸어 가야 할 대상이다. 학생들의 세계는 좁지만 그것은 행복의 원천이다. 수업은 일상적 삶의 일부다. 일반 학교에서는 반대다. 학교생활의 중심은 수업이고 일상적 삶은 수업과 수업 사이에 있는 무엇이다. 일상적 삶이 아주 없다고 할 수는 없겠지만 누구도 그것에 큰 의미를 두지 않는다.

'자신의 삶을 스스로 꾸려 갈 수 있다'는 것이야말로 민주주의의 핵심이다. 우리 사회는 청소년들에게서 삶을 만들어 가는 경험을 체계적으로 박탈해 왔다. 그 결과는 청소년들의 무기력과 수동성이다. 우리 사회는 자신의 삶을 가꾸는 경험 대신에 민주주의의 껍데기,

---

* A. S. 닐 씀, 한승오 옮김(2006),《자유로운 아이들 서머힐》, 아름드리미디어, 59쪽.

예컨대, 학급 회의 시간, 반장과 학생회장 선거, 대의원 회의 등을 던져 주었다.* 회의를 하지만 결정할 수 있는 것이 없다. 어쩌다 무언가 결정을 하더라도 누군가의 허락을 받아야만 한다. 이런 현실에서 자치 제도는 민주주의 역량이 아니라 민주주의에 대한 냉소를 기를 뿐이다.

흔히 학교를 공동체라고 한다. 수사적 표현일 뿐이다. 다른 학교와 야구 경기를 할 때와 수능 시험일에 벌이는 응원 퍼포먼스에서만 공동체성을 느끼는 학교를 공동체라고 할 수 있을까? 학교가 공동체가 되려면 삶이 공유되어야 한다. 학교가 사활을 건 전장이 되면서, 학교에서는 놀이, 일이 사라졌다. 그나마 '수업'을 함께한다고 하지만 그것도 사실은 고독한 개인 작업일 뿐이다.

삶이 만들어 내는 문제가 있는 곳에서 민주주의는 시작된다. 사실상 삶이 고사된 학교는 민주주의의 불모지일 수밖에 없다. 이런 현실을 외면하고 학교와 민주주의를 논하는 사람들을 경계해야 한다. 그들이 베푸는 자치 제도는 자칫 함정이 될 수도 있으니.

---

* 폴 우드러프는 민주주의가 아닌 것을 통해 민주주의가 무엇인가를 말하고 있는데, 그가 민주주의가 아닌 것(그는 이것을 '대역'이라고 했다)이라고 한 것이 바로 '투표', '다수결의 원칙', '대표 선출제'다. 대의제가 민주주의가 아니라는 말은 좀 지나친 느낌이 없지 않지만, 오늘날 학교에서 이루어지는 대의제는 그가 말한 '대역'이라는 표현도 아깝다(폴 우드러프 씀, 이윤철 옮김(2012), 《최초의 민주주의》, 돌베개).

경쟁에서 이기면 되잖아

우리 사회에서 경쟁은 주로 대학 입시(그리고 대학 입시의 전초전으로서의 특목고 입시), 그리고 대학 졸업 후의 취업을 다투는 방식으로 일어난다. 물론 취업했다고 해서 경쟁이 끝나는 것은 아니다. 이후에는 성과 경쟁, 승진 경쟁, 짝짓기 경쟁, 재산 불리기 경쟁이 이어진다. 일자리는 없고, 복지 기반은 허약하고, 사회적 연대의 끈마저 사라지면서 경쟁에서 탈락하는 것은 그야말로 사활의 문제가 되었다. 경쟁이 치열하면 치열할수록 사람들은 살아남기 위해 수단과 방법을 가리지 않게 된다. 연대하고 협력하기보다는 각자도생을 선택한다. 결국 모두가 패배자가 된다.

경쟁이 극심한 사회에 타인에 대한 인정과 협력, 공동의 문제에 대한 숙의의 자리는 없다. 공포에 사로잡힌 사람은 극도로 시야가 좁아지고 사고가 편협해진다. 당장의 이익, 개인의 이익에 집착하고 장기적인 이익, 공공의 이익은 무시한다. 민주적 시민이 마땅히 갖추어야 할 덕목이 설 자리가 없다.

한 교사의 고백. 십여 년 만에 경찰이 되어 찾아온 제자와 술을 마시다, 청문회에서 국정원 댓글 수사를 한 경찰들의 태도에 대해 이야기를 나누게 되었다. 그는 이번 청문회에서 양심적 경찰의 아이콘이 된 권은희 수사과장을 존경한다면서도 상명하복의 경찰 조직에서는 무모한 일이었다고 했다. 준비된 답을 읽은 선배 경찰의 입장을 충분히 이해한다는 것이었다. 게다가 어렵게 국정원에 취직한 친구의 사례를 들어 국정원 직원도 이해 못 할 바 아니라는 것이었다.

만약 자신에게도 이번 일과 비슷한 상황이 벌어진다고 해도, 비록 고민도 하고 마음 한구석이 많이 불편은 하겠지만, '김하영'을 선택하지 섣불리 '권은희'가 되지는 못할 것이라고 말했다. 얼마 전 동기들끼리 이런 대화를 나눈 적이 있었는데, 그들의 생각과 선택도 자신과 별반 다르지 않았단다. 말끝에 이런 '관용구'를 덧붙이면서.
"어떻게 합격했는데…."*

어떻게 얻은 자리인데 포기하겠냐는 것이다. "오매불망 취직을 위해 청춘을 다 보낸 이들에게 '불법'도, '양심'도, '민주주의'도 모두 취직의 하위 개념일 수밖에 없"다. 극단적인 경쟁과 탈락의 공포는 인성도 망가뜨린다.

경쟁의 치열함은 삶에서 여유와 성찰을 빼앗는다. 경쟁에서 이기려면 한없이 자기를 계발해야 하고, 자기를 계발하려면 늘 무엇인가를 익혀야 한다. 처음에는 이것이 삶을 위한 것이었지만, 어느 순간 이것이 삶 자체가 된다.

우리가 정치에 대해 느끼는 무력감의 원인 중 하나는 우리가 너무 바쁘다는 데 있는 것은 아닐까. 러미스의 지적처럼 '짬이 없으면 민주주의도 이루어지지 못한다'. 사람들이 모여서 이야기를 하고, 한 사람 한 사람의 의견에 귀를 기울이고, 소수 의견도 존중하면서 서로 합의를 이끌어

---

* "국정원 직원 두둔하는 제자 "어떻게 합격한 건데요"", 〈오마이뉴스〉, 2013년 8월 29일.

내고, 그것을 실행에 옮기기 위한 체제를 정비하고, 준비 기간을 거쳐 실행에 나선다. 이는 매우 느릿느릿한, 보기에 따라서는 비효율적인 프로세스다.*

회의를 많이 해 본 사람들은 잘 안다. 천천히 결정하는 것이 얼마나 힘든지. 우리는 시간을 아끼기 위해서 대표도 뽑고, 다수결도 하고, 의견 수렴도 생략한다. 회의가 길어지면 의견을 내기도 어려워진다. 그러나 좋은 결정은 숙고와 토론을 전제로 한다. 지금도 태평양 연안의 섬들에는 회의장에 갈 때 베개를 가지고 가서 그곳에 머물며 적당한 휴식을 취해 가면서, 언제까지고 계속되는 논의에 참가하는 관습이 있다고 한다. 민주주의는 느린 정치다. 치열한 경쟁과 그것이 만들어 내는 분주함은 민주주의와 양립할 수 없다.

능력이 그런 걸 어쩌나

메리토크라시meritocracy는 '부와 권력과 명예 등과 같은 사회적 재화를 어떤 사람의 타고난 혈통이나 신분, 계급 같은 것이 아니라 오로지 능력에 따라 사람들에게 할당하자는 이념'이다. 근대적 국가들은 이것을 '(기회의) 평등'을 구현하는 방식으로 받아들였고, 학교는 이것을 수행하는 기구였다.

---

* 쓰지 신이치 씀, 김향 옮김(2005), 《슬로 라이프》, 디자인하우스, 166쪽.

우리 사회에서 메리토크라시는 매우 빠르게 뿌리를 내렸다. 전쟁의 폐허에서 본격적으로 근대화가 추진되고 학교교육이 급속하게 확장되면서 적어도 누구나 (표면적으로는) 공정한 경쟁에 참여할 수 있었다. 공부를 잘하면 성공할 수 있다는 신화가 유포되면서, 학교는 부와 권력을 다투는 전장이 되었다.

특히 대학 입시에서 좋은 결과를 얻기 위한 전쟁이 가장 치열하다. (승산이 없다고 판단하고 전쟁을 피해 외국으로 나가는 경우도 많다.) 한편으로는 수단과 방법을 다 동원하여 성적을 올리려고 하고, 또 한편으로는 '게임의 규칙'을 자신에게 유리하게 하기 위한 여론 투쟁을 벌인다. 좋은 교육을 하기 위해 지혜를 모으는 것이 아니라, 입시 제도를 고치는 데 총력을 기울인다.

메리토크라시는 경쟁을 정당화한다. 경쟁에서 패배한 사람들을 자기 계발에 게으른 자로 낙인찍는다. 말하자면 자본주의가 만들어 내는 문제를 은폐하는 '이데올로기적 효과'를 발휘한다.

메리토크라시 이념의 물신화는 경쟁을 그 자체로 선으로 만들어 오로지 치열한 경쟁 시스템만이 좋은 성과를 낳을 수 있다는 기괴한 신념이 온 사회를 지배하게 한다. 그 결과 사회적 삶은 거의 모든 수준에서 '서바이벌 게임' 같은 것이 되고 만다. 더 나아가 사람들로 하여금 넓은 의미의 능력이나 '메리트', 곧 사회생활 과정에서 타인들의 평가에 유리하게 작용할 수 있는 모든 요소들에 집착하게 만든다. 사회적 낭비일 수도 있는 대학 진학률이나 이른바 '학력 인플레이션', 대학생들의 각종 스펙 쌓기 열풍 같은 사회 현상들도 바로 이런 맥락에서 이해할 수 있다. 심지어는 가령 외모나 키조차도 메리트로 인식되어 '성형 열풍'이 불어닥친다. 온 사회 성원들의 '속물화'가 진행되는 것이다.*

메리토크라시 체제에서 교육은 능력 자체에 대해서는 묻지 않는다. 그저 평가를 하고 그 결과에 따른 수치를 부여한다. 그 결과는 교육의 왜소함과 천박함이다. 왜소하고 천박한 교육은 민주주의를 다룰 수 없다.

전통적 교과 중심의 교육에서는 다양한 능력 가운데 하나인 언어적 능력과 논리 수학적 능력을 중시하고 계발하도록 부추긴다. 다른 능력을 타고난 사람들은 처음부터 자기를 실현할 기회를 차단당하는 것이다. 또 그것들은 대체로 학문에 뜻을 둔 소수 엘리트에게는 유용한 '도구'가 되지만, 다른 진로를 원하는 사람들에게는 큰 의미가 없을 수도 있다. 규칙의 공정함이 메리토크라시의 전제라는 것을 생각해 보면 괴이한 일이 아닐 수 없다.

표준적인 학문적 내용과는 다른 지식과 기능을 요구하는 진로를 찾아가는 학생들이 있는데, 이와 다른 학문적 과정을 실제로 원하는 학생들과 함께 배우라고 하면서 그들을 학문적 과정에 똑같이 집어넣는 것은 결코 그들에게 공정한 기회를 주는 것이 아니다. 학생들의 정당한 흥미를 무시해 버리고 이들에게 강요되는 영역에 흥미를 갖고 있는 학생들과 같

---

* 장은주(2012),《정치의 이동》, 상상너머, 142~143쪽.

이 경쟁하고 살도록 강요하는 것이 과연 공정한 일인가? 이 문제는 민주적 교육의 핵심에 닿는 것이다.*

이런 발언이 국어, 영어, 수학 같은 교과의 중요성을 부정하는 것은 아니다. 그러나 대학에 진학할 마음이 없는 청소년들에게 그렇게 긴 시간을 그렇게 힘들게 견디도록 할 정도로 중요한가? 이것에 쏟는 노력과 시간을 다른 데에 쓴다면 훨씬 의미 있는 학습을 할 가능성이 높지 않을까?

우리는 다른 방식을 찾아야 할 것이다. 나딩스는 모든 교사들의 최고의 목적은 '학생들을 능력 있고, 배려하고, 사랑하고, 사랑스런 존재로 성장할 수 있도록 촉진시켜 주는 것'이라면서, 수학 교사들은 '유연하게' 가르쳐야 한다고 주장한다. 수학 자체를 좋아하는 학생들에게는 수학을 깊이 탐구할 수 있도록 격려해 주고, 수학에 도구적인 관심을 갖고 있는 학생들에게는 원하는 진로를 준비할 수 있도록 도와주고, 수학이 낯선 학생들에게는 최선을 다해 수학을 만날 수 있게 하면 된다는 것이다. 전직 수학 교사였던 나딩스는 "모든 학생에게 수학에 대해서 동일하게 높은 기대를 가지는 것은 도덕적으로 옳지 않고 교육적으로 재앙"이라면서, "학교가 (수학교육에서) 더 강력하게 통제 수단을 계속적으로 사용하려 한다면 학교를 민주적이고 평등주의적으로 만들려는 것은 슬로건화된 시도일 뿐"이라고 단언

---

* 넬 나딩스 쏨, 이지헌 외 옮김(2008),《행복과 교육》, 학이당, 149쪽.

한다.*

　좋은 민주적 공동체라면 구성원 누구나 자기 잠재력을 발휘하는 방식으로 공동체에 기여할 수 있어야 하고, 그것으로 인정받아야 한다. 이것이 바로 민주주의의 기본 정신이라고 할 수 있는 '누구나 존엄하다'는 말의 진정한 의미다. 인간의 다양한 능력 중 한두 가지를 특권화하는 것, 그리고 그것을 기준으로 서열을 매기는 것은 다수의 존엄을 크게 해치는 일이다. 학교에서 너무 쉽게 하는 일이다.

　사람의 능력은 생물학적이면서도 사회학적인 것이다. 공동체에서 어떤 능력을 지지하느냐에 따라 어떤 능력은 계발되고, 어떤 능력은 억압된다. 모든 사람들의 다양한 능력을 인정하고 그것을 사회적 자원으로 바꾸어 내는 것이야말로 학교 민주주의의 첫걸음이다. 차별을 없애는 가장 좋은 방법은 누구나 공동체에 기여한다는 것을 인정하는 것이다.

　"저는 그들을 자폐증 환자라고 보지 않습니다. 그들은 오히려 전문가에 가깝죠. 그들에겐 아주 특별한 재능이 있습니다. 집중력, 세심함, 끈기 면에서 그들은 단연 최고입니다. 만일 그들에게 자폐증 환자라는 딱지만 없었더라면 이러한 자질들에 더 많은 보수를 주게 되지 않을까요? 하지만 현실이 어디 그런가요. 우리와 다르다는 이유만으로 사람들은 그들에게

---

* 넬 나딩스 씀, 추병완 외 옮김(2002), 《배려교육론》, 다른우리, 264쪽.

딱지를 붙여 버립니다."*

토킬 손은 자폐아의 아버지로, 자폐증이 있는 사람들을 직원으로 고용하는 '스페셜리스트'라는 기업을 만들었다. 자폐적 특성이 컴퓨터 기술을 다루는 데 크게 유리하다는 것을 발견했기 때문에 가능한 일이었다. 사실 이것은 부모가 아니라 사회가 해야 할 일이다. 능력은 사회가 발견하고 사회가 키우는 것이다.

일본의 니트족** 재활을 돕는 '뉴스타트센터'에서는 니트족 청년들에게 고령자를 돌보는 일을 하게 했다. 뜻밖에도 니트족 청년들의 서비스는 호평을 받았는데, 노인들의 식사 수발을 아주 잘한다는 것이었다. 이들의 느긋한 성품은 노인들의 식사 속도와 잘 맞았다.

데이 서비스에서 일하는 니트족 젊은이들은 느긋하게 노인들을 기다린다. 그것이 작위적이지 않다는 것이 노인에게도 전해져 정말로 안심하고 먹을 수 있게 되는 것이다. 은둔형 외톨이나 니트족 중에는 무리하게 일하는 것이 서툰 타입이 많다. 특히, 집에만 있었던 생활을 해결한 지 얼마 안 된 시기의 젊은이는 언행도 느리다.***

---

* 베벌리 슈왈츠 씀, 전해자 옮김(2013),《체인지메이커 혁명》, 에이지21, 252쪽.
** 니트NEET족은 교육을 받는 것도 아니고, 일을 하는 것도 아니고, 훈련을 받는 것도 아닌 (Not in Education, Employment or Training) 사람을 말한다.
*** 후타가미 노우키 씀, 이성현 옮김(2005),《일하지 않는 사람들, 일할 수 없는 사람들》, 홍익출판사, 50쪽.

보통 니트족은 사회에서 가장 무능하고 무기력한 사람들로 여겨진다. 그들은 효율성을 우선시하는 곳, 경쟁이 치열한 곳에서는 견디지 못하고 퇴사를 한다. 그러나 복지 분야에서는 그들의 무능과 무기력이 재능이 되기도 한다. 한 개인의 능력이란 이처럼 상황과 맥락에 따라 발견되고 계발되는 것이다.

누가 민주주의의 적인가

나는 '지금, 여기'의 학교에서 민주주의는 사실상 불가능하다고 생각한다. 냉소주의자의 푸념으로 받아들이지 않기를 바란다. 아무것도 할 수 없고, 해도 소용없다는 뜻이 아니다. 나만 그랬는지는 모르겠지만, 한때 학생회와 교사회가 권한을 갖게 되면 민주주의의 꽃을 피울 수 있지 않겠느냐는 기대가 있었다. 참으로 순진한 시절이었다.

지금은? 글쎄다. 그러나 답을 하기 전에 민주주의가 무엇인지, 학교가 민주주의의 정원이 될 수 있는지 물어야 할 것 같다. 우리가 정말 민주주의를 원하는지도. 사회 일각에서는 이미 시작했다. '민주화 이후의 민주주의', '민주주의의 위기', '민주주의의 죽음' 등 민주주의에 대한 해체와 재구성 작업이 활발하다.

도대체 민주주의란 무엇인가. 민주주의, 즉 데모크라시democracy라는 말을 글자대로 풀면 '데모스民衆, demos의 힘'이다. 민주주의가 정체政體, polity라면 그것은 데모스가 힘을 갖는 그런 정체이다. 하지만 여기서 '데모스'는 누구일까, '힘을 갖는다'는 것은 무슨 뜻일까, 데모스가 지배한다면 그 원리아르케, archē는 무엇일까. 민주주의에 대한 우리의 물음이 더해질수록 그 모호함도 더해지는 느낌이다.*

고병권에 따르면 민주주의는 '아르케 없음'이 아르케인 정체이자 비정체이고, 이런 특성 때문에 정체 외부에서 사유할 수 있는 길이 생긴다고 한다. 거칠게 말하자면, 민주주의는 지금 여기서 '민중들의 힘'을 구성해 가는 어떤 행위와 같은 것이다.

교실에서, 학교에서, 그리고 더 큰 학교로서의 사회에서(특히 마을에서) '민중들의 힘'을 구성해 가는 실천적 작업을 하면 되지 않을까? 사실 이렇게 관점을 바꾸면, 우리들의 상상력을 열어 주고 실천적 지침을 줄 수 있는 좋은 사례들이 많다는 것도 알게 된다. 예컨대, 한 명의 청각 장애 친구와 소통하기 위해서 전교생이 수화를 배운 초등학교 이야기라든가,** 통학로가 위험하니 자전거를 탈 수 없다는 지시에 '이것은 서울시에서 해결해야 할 문제'라면서 전문가와 함께 자전거 통학로를 만들기 위한 공부를 하고 시장에게 편지를 보내 마침내 자전거 통학로를 만든 초등학교 아이들 이야기.***

첫걸음은 함께 해결할 공동의 문제를 발견하고 둘러앉는 것이다. 무엇이 문제인지 확인하고, 좋은 해결책을 찾고, 도와줄 전문가도 부

---

* 고병권(2011), 《민주주의란 무엇인가》, 그린비, 13쪽.
** "'장애 친구와 어울리고 싶어요' 전교생이 수화 배워", 〈한겨레〉, 2005년 7월 4일.
*** "초등학생들이 이룬 혁명, 서울에 자전거 길을 뚫다", 〈오마이뉴스〉, 2008년 11월 4일.

르고, 학교 안에서 해결할 수 없는 일이 있으면 지자체에 의견을 전달하기도 하고. 사실 이것은 우리가 생각하는 좋은 교육과 다르지 않다. 좋은 교육은 그 자체로 민주주의를 구현하는 것이다.

듀이는 "민주주의는 단순히 정치의 형태만이 아니라, 보다 근본적으로는, 공동생활의 형식이요, 경험을 전달하고 공유하는 방식"이라고 한다.* 민주주의에 대한 관점을 이처럼 확장할 때 '학교와 민주주의'에 대해 다른 인식과 실천이 가능하지 않을까? 학교의 정치 형태로서 자치 제도를 잘 만들고 뿌리를 내리게 하는 일은 꼭 필요하다. 그러나 현실적으로 자치 제도가 민주주의 껍데기로서 기능할 수밖에 없다면 다른 방식을 찾을 수 있을 것이다. 좋은 교육을 하면 된다.

모 신문사에서 '신고리 5, 6호기 건설'에 대한 청소년 공론의 장을 열었다. 7명의 고등학생(찬성 2명, 반대 2명, 유보 3명)이 참여하여, '오리엔테이션 - 준비 토론 - 전문가(찬성, 반대 진영에서 추천한) 강의와 1차 질의응답 - 종합 토론 - 2차 질의응답'의 '숙의'를 진행했다. 이 결과 3명의 학생이 찬성을, 4명의 학생이 반대 의사를 표명하였다. 판단을 유보하던 사람들이 모두 자기 의견을 밝혔고, 입장을 바꾼 사람도 있었다. 찬성이든 반대든 전체적으로 핵발전에 대한 긍정의 정도는 높아졌지만, 정책 방향에 대해서는 원전 축소를 지지하는 경향이 드러났다.**

이것은 학교에서 토론 수업을 하는 장면을 연상시킨다. 구체적인

---

* 존 듀이 씀, 이홍우 옮김(1996), 《민주주의와 교육》, 교육과학사, 137쪽.
** "미래세대가 펼치는 '신고리' 공론화", 〈한겨레〉, 2017년 9월 21일, 22일.

절차나 방식은 다르지만 중요한 삶의 문제에 대해 함께 공부한다는 점에서 본질적으로 같다. 아고라에 모여 시라쿠사와 전쟁을 할 것인가를 결정하기 위해 장군들의 의견을 경청하고 토론하는 아테네 시민들의 모습과도 다르지 않다.* 오늘날 숙의 민주주의 혹은 심의 민주주의deliberative democracy라고 하는 것의 소박한 형태다.

민주주의가 '민중의 힘'을 의미하는 것이라면 좋은 교육은 그 자체로 민주주의를 실현하는 것이다. 그러니 우리가 학교에서 민주주의를 꽃피우지 못하는 것은 좋은 교육을 하지 못하는 이유와 다를 게 없다. 좋은 교육을 할 수 없게 하는 사회, 그리고 그에 순응하는 학교가 문제다. 물론 여기서 학교는 바로 우리다.

---

* 폴 우드러프 씀, 이윤철 옮김(2012), 《최초의 민주주의》, 돌베개, 255~261쪽.

민주주의는
탁월함에 대한 저항이다

―

정용주 초등 교사 edcom234@hanmail.net

이메일이 서너 개쯤 되고 혈액형은 성격 파악 어렵다는 AB형인 교사입니다. 전국교직원노동조합 조합원이지만 의식은 점점 노동자로부터 멀어져 갑니다. 물질적인 부자보다 마음이 부자인 사람이 되고 싶습니다.

학생, 민주주의의 외부로 밀려난 존재들

학교는 민주주의로 굴러가는 공간인가? 아마 '그렇다'고 대답하기 어려울 것이다. 우리 사회에서 인권과 민주주의에 대한 논의가 진전됨에 따라 학교도 자유주의 사상, 평등의 이념을 일정 부분 수용하게 되었지만, 민주주의의 본래 의미처럼 정치적 결정권이 전체 구성원에 귀속되어 있는 체제라고 하긴 어렵다. 교사가 아닌 교직원들에겐 학교의 정치 과정에 참여할 수 있는 권리가 보장되지 않고, 학교에서 일어나는 모든 일의 최고 결정권은 학교장에게 있다. 특히나 학생들은 '미성숙한 존재'라는 이유로 민주주의의 외부, 즉 비시민적 위치로 밀려나 있다.

학교 제도는 군주제와 유사하다. 아니 좀 더 솔직히 말하면 학교 제도는 귀족제와 민주주의가 결합된 혼성체라고 할 수 있다. 그래서 학교에서 교사는 '공화제적 군주'나 '민주적 리바이어던'과 같은 형용모순의 형태로 존재한다. 교사는 학생들과 달리 인권과 민주주의 외부에서 규칙과 규정을 자유롭게 넘나들며, 교육을 인권의 외부에 위치시키는 데 익숙하다. 급식 지도를 한다면서 학생에게 남긴 음식을 강제로 먹게 하는 것이 가능한 건 교사는 늘 학생의 권리를 넘어서 언제든지 개입할 수 있다는 의식이 존재해서다.

인민이 통치자이자 동시에 피치자라는 민주주의 사회에서는 본래 통치자와 피치자의 구분이 없고, 모든 시민이 정치적 결정 과정에 참여할 수 있어야 한다. 녹색당에서 대의원을 전면 추첨제로 뽑은 데는 그런 이유가 있다. 그러나 20세 이하의 학생들은 이러한 민주주의에 참여할 시민적 권리를 부여받지 못하고 있다. 교사들 또한 학교를 미숙한 학생을 교육하는 공간이라 생각하는 탓에 정치 제도의 밖에 있다고 사고하는 경향이 크다. 그러면서 정치로부터 자유로운, 정치로부터 중립적인 교육을 추구하는 것이다. 그러나 교육과정은 고도의 정치성을 갖고 있기에 이러한 발상 자체가 교육의 이데올로기적 기능을 은폐하는 기제가 된다.

이렇게 민주주의 외부로 추방되고 배제된 학생들이 자기 자신이 가진 힘을 긍정하고 정치적 주체로 등장하면 좋겠지만, 학교는 학생들에게 정치적으로 무관심한 취향을 갖도록 학습시킨다. 무관심한 취향이란 윤리의 문제, 진리의 문제를 제거하고 모든 것을 바라보게 하는 것을 말한다. 몇 해 전 내가 근무하던 학교에 그림을 잘 그리는 학생이 있었는데 이 학생이 한번은 굉장히 보수적인 교사의 지도를 받아 한국전쟁 때 북한이 남침하는 그림을 그려서 상을 받았다. 그런데 다음 해에는 진보적인 교사를 만나 평화 포스터를 그려서 상을 받았다. 이런 일이 가능한 건 학교가 학생들에게 무관심한 취향을 갖도록 만들기 때문이다.

민주주의의 외부로 밀려난 존재들에겐 '정치'가 아닌 '관리'만 남는다. 이러한 관리의 핵심에 관료제가 있다. 합리적 판단이라는 이름으로 정치가 관리로 대체되면서 정치는 절차만 남고 행정이 모든 것을 대체한다. 이 속에서 평등은 차이와 특수성을 제거하는 것이 되어 공동체라는 이름으로 학생들에게 동일하게 사고하고 말하고 행동할 것이 강제된다. 동일성을 견지하지 못하는 개인은 이 공동체에서 배제된다. 이렇듯 치안과 관리로서 행정의 핵심은 차이의 제거, 표준화이며 이것이 학교 체제가 작동하는 핵심 원리이다. 그러니 이 속에서 이루어지는 민주주의란 오로지 절차적 민주주의일 뿐이다. 전교어린이회장 선거는 이미 입후보할 수 있는 학년이 정해져 있고, 남자는 회장, 여자는 부회장 식의 암묵적인 전제가 깔린 채로 해마다 치러진다. 진보하는 것은 입후보를 알리는 후보자 게시물뿐이다.

관료화 과정에서 민주주의의 근본을 이루는 정치적 의사 결정이라는 공적 행위는 관료화 과정을 통해 무정치적인 의사 결정으로 대체된다. 모든 회의에는 절차와 거수만 남았다. 초등학교에서는 5, 6학년만 돼도 토론을 하자고 하면 귀찮아한다. "그냥 선생님이 결정하세요"는 흔한 반응이다. 전교어린이회의를 하는데도 한 번씩 이야기하고는 바로 "자, 이제 거수합시다" 그런다. 이런 분위기에서 자기의 의견을 말하는 것은 대단한 용기를 필요로 하는 행동이 된다. 결국 모두가 침묵한다.

정치가 가능하기 위한 토대, '평등'

위의 학생들의 사례에서 알 수 있듯 학생들 역시 이 사회에서 숨을 쉬며 살고 있기에 이 사회를 움직이는 효율성의 논리에 상당히 오염돼 있다. 참여의 기회만 열린다고 갑자기 학생들이 민주적으로 자기 생각을 이야기하는 게 아니다. 그런 점에서 교사는 어떤 면에서는 학생들과 싸워야 한다. 물론 이때 교사는 학생을 미성숙한 존재가 아니라 자신과 평등한 정치적 개인으로 보아야 한다. 학생을 평등한 정치적 개인으로 보는 것, 이것은 정치의 시작이기도 하다.

본래 민주주의는 탁월함에 저항하는 것이다. 탁월한 소수의 사람들만이 나라를 다스리고 정치를 하는 것에 저항하는 것이다. 자격이 없다고 여겨져 온 사람들이 평등하게 권리를 주장하는 것으로부터 정치는 시작된다. 정치는 열등한 존재에 대한 우월한 존재의 지배를 전제하는 아르케arche 논리와의 단절이며, 유식한 정신과 무지한 정신, 똑똑한 자와 바보 같은 자로 분할되어 있는 신화 속에서 무지하고 바보 같다 여겨지는 자에게서 정치의 가능성을 찾는 일이다. 그러므로 정치의 조건은 평등이고, 평등은 해방을 향해 나아간다. 스스로 지능에서 열등하다고 믿는 자들을 일으켜 세우고, 그들을 그들이 빠져 있는 늪, 즉 자기 무시의 늪에서 빼내는 것이 바로 교육이 해야 할 일이다. 그러나 근대적 학교 체제에서 교사는 학생보다 우월한 '유식한' 스승이 되길 요구받는다. 유식한 스승은 모든 대답을 알고 있으며, 그의 질문들은 학생들을 자연스럽게 미리 정해진 대답으로 이끈다고 여겨진다. 하지만 거기에는 앎의 길은 있지만 해방의 길은 없다. 사람들은 소크라테스를 좋은 스승이라고 말하는데, 소크라테스의 방법은 바보 만들기의 개선된 형태일 뿐이다. 소크라테스는 해방된 정신을 위해 질문하는 것이 아니라 무지한 정신을 지도하기 위해 질문할 뿐이다. 질문을 받을수록 상대방은 자신이 무지하다는 사실만 깊이 깨달아 간다.

이런 점에서 학생과의 평등한 관계는 우리가 도달해야 할 목표가 아니라 출발점이다. 교사는 학생들이 자라 온 사회·문화적 맥락을 무시한 채 능력을 개인화하고 학생의 지능을 개인의 능력 체계 안에 가둬 두려는 것을 경계해야 한다. 그런데 학교는 계속해서 아르케의 원리를 구현하려 한다. 아니, 아르케의 원리를 통해 탁월한 정도에 따라 학생들을 사회적 노동 공간으로 배치하는 것이 근대적 학교 제도의 핵심이었다. 학생들은 학교가 부여하는 개인화된 학력에 따라 위계화된 노동 질서에 편입된다. 그리고 이 과정에서 '능력이 없는' 자는 사회적 발언이 제한된다는 것을 체화한다.

아리스토텔레스는 사회의 다수를 차지하고 있는 빈자, 하층민 등 오클로스ochlos를 전문적으로 '경영'하는 것을 정치의 목적이라고 말했다. 그런데 랑시에르는 예속적 인민인 오클로스로부터 스스로를 분할해 내는 데모스demos를 정치 철학의 중심에 가져다 놓는다. 데모스는 자신을 그 자체로서 선언하고 우열로 정체성을 가르는 집단에 합일되기를 거부하는 이들이다. 이것은 불화, 즉 주체화 과정이다. 현 사회 질서에서 각자에게 분배된 자리와 기능으로부터 벗어나는 탈정체화는 정치의 시작이다. '나는 부족한 사람이야. 나는 자격이 없는 사람이야' 하는 자기 무시나 '저 사람 정도면 연구부장을 할 자격이 있지' 하는 생각을 버리는 것이다. '교장은 누구나 할 수 있는 거야. 대통령도 아무나 할 수 있는 거야. 그게 별거냐' 생각하는 게 민주주의다. 교장이, 대통령이 별거 아니라는 사고가 그 자리가 지닌 특권을 제거한다. 만약 그러지 못하고 계속해서 자기 무시의 늪에 빠질수록 우리는 민주주의가 아니라 탁월함을 찾게 된다. 나를 돌봐 주고 안전을 책임져 줄 '메시아', '성군'을 찾게 되는 것이다.

결국 민주주의는 하나의 공동체를 질서 정연하게 꾸려 나가는 기술이 아니라 공동체에 있는 다양한 사람들이 자신의 목소리와 몫을 정당하게 주장하는 투쟁이다. 자신의 목소리가 남의 그것과 더불어 들려지고, 자신이 정당한 정치적 주체로 인정받기 위한 투쟁이다. 그러나 우리는 학교에서, 그리고 자신이 담임인 학급에서 쉽게 이를 망각한다. 내가 싫어하는 말 중의 하나가 '공동체'인데, 공동체라고 하면 늘 하나의 목소리를 내야 할 것 같은 압박감이 느껴져서다. 학교나 학급을 공동체가 아니라 분열되어 있는 개인들이, 서로 다른 생각을 가진 개인들이 모여 있는 곳이라고 본다면 그 안에서의 의사 결정 과정은 굉장히 달라질 것이다. 나는 교실에서 국민의례를 하지 않는다. 그러나 학생들에게 그것을 하라, 하지 마라 하는 식으로 이야기하지 않는다. 국민의례가 어떻게 생겨났는지 말해 주고 각자 선택하게 한다. "너희가 국가에 충성을 표하고 싶으면 해도 되고 그러고 싶지 않으면 안 해도 된다. 그리고 국가에 충성을 하는 방법은 맹세만 있는 게 아니다." 나와 평등한 정치적 주체로서 학생의 선택을 존중하려 하는 것이다.

그러나 정치적 주체는 저절로 등장하지 않는다. 권력은 단순히 사람들을 억압적으로 지배하는 것이 아니라 그러한 인간을 '길러 내기' 때문이다. 푸코가 개인의 신체를 관리·통제하며 훈육하는 생체권력 bio-power을 주요한 연구 대상으로 삼은 것, 그람시가 시민 사회의 지배적인 헤게모니가 지닌 지적이고 도덕적인 지도 leadership, direction에 주목한 것은 교육을 지배 계급의 영향으로부터 빼내야 한다고 보았기 때문이다. 물론 이는 쉽지 않은 작업이고, 섬세한 접근을 요한다. 한번은 우리 반에서 서울학생인권조례를 가지고 인권교육을 했다.

대부분의 학생들이 열심히 참여해서 인권조례 조항들도 공부하고 포스터도 만들고 길거리 전시회도 했다. 그렇지만 그 수업 때 수업을 방해하거나 차별적인 말들을 계속해서 던지는 삐딱한 학생들도 있었다. 이런 학생들이 어떻게 하면 수업에서 자기 의견을 드러내고 공동체의 중재에 의해서 자기 생각을 수정해 나가게 할 수 있을지, 어떻게 내가 그런 생각을 가진 학생들과 서로 평등한 정치적 개인으로서 이야기를 할 수 있을지가 나의 과제이자 고민이다.

민주주의와 해방의 기획

나는 학급과 학교에서 민주주의에 대한 실험들을 했고, 대부분 실패했다. 학생들이 생활협약을 스스로 만들게 하고 자체적으로 규칙을 지키도록 해 본 적이 있다. 그러나 유의미한 변화를 일으키기보다 문제적 징후를 보였다. 또래 아이들을 한데 묶어 아침부터 한 공간에 모아 놓고 생활 전반을 감시하는 학교 구조 속에서는 생활협약이란 게 겉으로만 학생들의 자율적인 자치이지 "너희가 만든 규칙이니까 지켜!"라고 하는 또 다른 강요에 지나지 않게 돼 버렸다. 그래서 이후로는 학급에서 어떤 규칙도 만들지 않았다. 싸움이 일어나도, 집단 따돌림이 일어나도 참고할 규칙이 없다. 인권과 관련한 헌장 같은 것도 없다. 대신 문제가 발생하면 학급 전원위원회를 열어 함께 해결한다. 늘 새로운 사건이 발생하고, 해결하는 방식도 그때그때 다르다. 사람들은 걱정을 한다. 규칙이 없으면 무정부 상태가 될 것이라고. 지나치게 호스스러운 염려이다. 학생들이 마치 야만, 원시, 자연 상태에 있다가 온 것처럼 생각한다면 그건 큰 착각이다. 학생들은 이미 사회적 공간에서 태어났고, 그러므로 규칙이 없다고 해서 무법적으로 행동하지 않는다. 반대로 인권 관련 규칙이 있다고 해서 학생들이 인권적으로 행동하지도 않는다. 그런데 토론을 할 때 주의할 점이 있다. 학교는 학생들이 아무 말도 안 하는 걸 원할 것 같지만 오히려 비판적인 참여를 선호한다. '합의'라는 이름의 치안이 작동할 수 있기 때문이다. 그래서 교실에서 자기의 의사를 적극적으로 표명하는 것만 존중받아서는 안 된다. 말하지 않을 자유 또한 존중해야 한다.

상호 존중과 책임, 배려가 강조될 순 있지만 학급에서 민주주의를 실현하고자 한다면 학급을 강력한 유대를 가진 공동체로 만들려고 하는 것 또한 경계해야 한다. 나의 경험에 비추어 보면 학급공동체의 '끈끈함'을 지향하는 건 민주주의를 참여가 아닌 위임의 형태로 발전하게 만들었다. 그렇게 되자 학생들은 다른 사람의 의견을 기다리고 숙고하고 다른 가능성을 열어 두는 것이 아니라 '모두 함께'라는 구호 아래 함께하지 않는 자에 대하여 '너는 뭐냐?'라는 배타적인 태도를 보였다. 학생들을 공동체로 결집하려다 보니 그들의 합의를 조직하기 위해 위계적으로 자리와 기능, 역할을 나누는 등 다시금 통치의 과정으로서 관리 또는 치안이 작동하기도 했다. 우리에게는 타자성에 기반을 둔 좀 더 '느슨한' 연대가 필요했다. 한 사람이 학급에서 최소한 한 역할을 맡아 공동체를 위해 일하는 것도 없애 보았다. 청소도 각자 알아서 하도록 했다. 처음에는 우려했다. '자기 자리만 청소하고 함께 사용하는 공간은 아무도 신경 쓰지 않으면 어떡하지?' 물론 자기 것만 챙기는 학생, 자기 자리만 청소하는 학생들도 있다.

그러나 반대의 경우도 있었다. 자기 자리나 물건은 정리를 못 하면서 교실과 복도 여기저기를 돌아다니며 청소를 하는 학생도 있었다. 누가 옳고 누가 그르다고 할 수는 없다. 그러나 나는 이게 서로를 챙겨주며 성장하는 과정이 될 수 있다고 본다.

공적인 영역은 곧 공동의 세계다. 모든 성원들은 비록 서로 다른 관심과 입장을 가지고 있을지라도 공개적인 담화 속에서 창조성과 자아의 독특함을 얻는다. 정치란 평범한 인간들이 공동의 세계에서 발언하고 행동하는 것을 통해 서로를 드러내며 관계를 맺는 가운데 구성되는 공론장이다. 아테네의 민주주의에서 공적 영역은 누구나 볼 수 있고 들을 수 있기 때문에 광범위한 공공성을 가졌다. 공동의 세계를 구성함으로써 전개되는 공동 행위에 기반할 때 진정한 권력과 이에 기반한 정치가 힘을 발휘할 수 있으며 새로운 인간관계가 가능해진다. 공동 세계는 누구의 접근도 거부하지 않는 공간이자 폐쇄된 영역을 갖지 않는다. 만약 동질적이고 균일적인 가치로 획일화되어 있다면 공동 세계는 성립할 수 없다. 공동 세계는 어떤 동일성이 제패하는 공간이 아니라 차이를 조건으로 하는 담론의 공간이다. 이런 관점에서 공동 세계는 일원적이고 배타적인 귀속성을 요구하지 않으며, 공적 공간을 구성하려는 투쟁은 곧 배제에 대한 저항이다. 공적 공간이 없는 사적 상태는 인간적 삶이 박탈된 것을 의미하는 동시에 인간의 조건으로서 타자의 존재를 상실했다는 것을 의미한다. 여기에 비춰 봤을 때 학교는 지금 어떠한 공간인가? 지금 학교에는 공적 공간을 상실하고 마치 존재하지 않는 것처럼 살아갈 수밖에 없는 사람들이 얼마든지 존재한다. 정규직이 시키는 일이면 웃으면서 해야 하는 비정규직이 그렇고, 공부를 못하는 학생들, 학교에 오기 싫은 학생들이 그렇다. 우리는 이렇게 배제된 이들의 목소리를 공적으로 받아들이는 공동의 세계를 만들어 가야 한다.

정치란 근본적으로 권리를 갖지 못한 자의 권리를 다루는 것이고 인간으로 혹은 주체로 간주되지 않는 자격 없는 자의 자격을 다루는 것이다. 학교에서 정치란 바로 무가치한 존재로 분류되거나 스스로를 무가치하다고 인식하는 학생, 즉 비시민적 존재들이 그들의 권리를 갖겠다고 투쟁하도록 돕고 연대하는 것이다. 기존의 질서와 가치를 문제화하고 재구성하는 것이다. 언어가 없고 담론이 없는 미성숙한 존재로 여겨지는 학생들의 요구와 목소리를 그냥 신음으로 여기지 않고 정치적인 것으로 만드는 것이 민주주의의 실천이다. 그러므로 학습과 수업은 진도를 나가는 과정이 아니라 학생들이 자신의 목소리와 언어를 가져 나가는 과정이 되어야 한다. 민주주의를 재구성한다는 것은 선거의 공정성, 절차적 합리성과 투명성을 넘어 외부를 사유하는 운동이다. 즉 민주주의는 국가 권력, 관료 권력, 대표자 권력, 자본 권력, 시장 권력에 의해 민주주의의 내부에서 배제된 '외부화된' 존재들이 처한 다양한 억압과 불평등을 인식하도록 하는 것이다. 부모의 직업과 학력, 공부를 잘하고 못하고와 상관없이 누군가의 삶이 다양한 권력에 의해 식민화되거나 포획되지 않도록 해야 한다.

제도의 정비가 아니라 민주주의의 사회화가 필요한 때

초등학교의 경우 민주주의와 관련하여 다양한 실천이 진행되어 왔다. 대표적인 게 전교어린이회를 구성하지 않고 전체 학생들이 모여 회의를 하거나 학교의 각 주체들이 함께 생활협약을 맺는 것이다. 이러한 실천들은 물론 의미 있지만, 어떤 정치적 제도를 만들거나 규칙을 합의하는 것보다도 그동안 배제되어 온 학생들을 정치공동체의 평등한 시민으로서 서도록 하는 것이 우선이라고 생각한다. 이것을 조희연의 말을 빌려 '민주주의의 사회화'라고 부를 수 있을 것이다. 한국 사회에서 민주주의는 정치적 제도나 사적 영역의 자유로서 강조되는 측면이 큰데, 이렇게 민주주의를 국가화, 사유화하려는 흐름과 구별하여 민주주의의 사회화가 필요하다.

민주주의는 완성태가 아니며, 그 자체의 존속을 영원히 보장할 수 있는 토대가 없다. 그러므로 민주주의는 심화시켜야 하는 만큼 방어도 중요하다. 학교에서는 행정과 관리가 정치를 대체하면서 반사회성과 결합된 집단적 정체성들이 쉽게 형성된다. 일례로 폭력이나 집단따돌림은 정치에서 배제된 학생들이 선택할 수 있는 가장 일반적인 반사회적 일탈 행위이다. 이런 일이 벌어졌을 때 해결하는 과정도 엄격한 벌칙을 통한 응징이라는 치안이 정치를 대체한다. 학생들이 정치로부터 배제되면서 그들 앞에는 경쟁과 발전, 성장 같은 것 이외에는 아무런 선택지도 존재하지 않게 된다. 개인 간의 유대와 접촉도 점점 사라져 간다. 이렇게 학교가 수용소화되면서 추방과 주변화에 대한 공포는 다시 폭력과 집단 따돌림이라는 역설적 상황을 만들어 낸다. 그리고 이들에 의해 강력한 처벌이 들어선다. 민주주의가 치안과 관리로 작동하면서 끊임없이 민주주의의 외부를 만들어 내는 문제를 야기하는 것이다.

대표자를 선출하는 방법에 대해서도 생각해 볼 필요가 있다. 현재 흔히 실시되고 있는 대표 선출 방법은 자유, 평등, 대표성, 공공선, 시민 덕성을 제고할 수 없는 제도이다. 이러한 민주주의의 가치들은 대표로 선출된 학생에게만 국한되며 전체 학생들에게까지 파급될 수 없다는 점에서 한계가 있다. 이런 방식의 선거는 대다수 학생들을 정치의 외부로 추방하면서 민주주의를 단지 대표를 얼마나 잘 뽑았는지의 문제로 축소한다. 따라서 현재의 선거 방식에서 부족한 자기 결정의 자유가 보다 확장되고, 공직을 맡을 기회의 평등을 보장하는 것을 넘어서 실질적인 정치 참여 기회가 보장될 수 있도록 방법을 강구해야 한다. 가장 대표적인 대안이 추첨제일 것이다.

결론은 다시 '자격 없는 자', '무능한 자'의 권리로 돌아온다. 우리는 사람을 볼 때 그 사람의 탁월함을 보는 의식이 은연중에 있고, 그런 탁월함을 지닌 사람이 우리를 이끌어 줘야 한다고 생각한다. 그러나 이는 민주주의가 아니다. 어떤 부족과 결핍이 있더라도 그를 정치적 주체로서 행동할 수 있는 평등한 인간으로 바라볼 때, 비로소 민주주의는 시작될 수 있을 것이다.

실패 없는
민주주의는 없다

하승우 녹색당 공동정책위원장 anar00@hanmail.net

중심에서 벗어난 삶을 꿈꾼다. 녹색당 공동정책위원장이자 교육공동체 벗의 조합원이다.

우리는 민주주의를 어떤 완성된 과정이나 단계로 생각한다. 그래서 민주주의를 도입하면 곧바로 뭔가 이루어지리라 기대한다. 그러나 정답이 없다는 것이야말로 민주주의의 가장 기본적인 전제 아닌가. 정답이 없기에 둥글게 모여 앉아 서로의 지혜를 모아 보자는 것이 민주주의다. 물론 어떤 과정이나 단계가 그렇게 지혜를 모으기에 좋은 조건을 마련할 수는 있겠지만 그 자체가 민주주의일 수는 없다.

그렇기에 민주주의의 관점으로 본다면 '모범 사례'나 '모델'은 불가능하다. 어느 한 곳의 성공이, 어떤 다양한 경험과 문화, 생각 들이 하나의 모델로 정리되어 다른 곳에 이식되는 건 불가능하다. 그럼에도 민주주의나 정치에 관해 강의할 때 가장 많이 요청받는 것이 그와 관련된 사례이다. 사실 지금 한국 사회에서 민주주의를 완벽하게 실현하고 있는 사례가 있을까? 내가 보기엔 없다. 밖으로는 민주적이라고 알려진 공동체나 출판사, 단체 들도 안을 들여다보면 소수의 사람들이 주요한 결정들을 내리고 구성원들의 지혜를 모으는 과정은 결정을 보완하는 수단 정도로 여겨진다.

반면에 민주주의가 실패한 사례들은 주변에 널려 있다. 왜 실패했을까? 대부분의 사람들은 비민주적인 사회 구조를 이유로 든다. 이런 구조에서는 민주주의가 어렵고 때론 비효율적이라고 얘기한다. 타당한 지적이지만 충분한 지적인지는 모르겠다. 바로 그런 구조이기 때문에 민주주의가 더욱더 필요한 게 아닐까? 사회운동을 하는 사람들의 입에서조차 그런 이야기를 듣게 되면 더더욱 고개를 갸웃

거리게 된다. 우리는 무엇을 위해 운동을 하는 거지?

어느새 이런 부조리가 우리 삶을 지배하게 되어 버렸다. 마이클 샌델의 《정의란 무엇인가》가 베스트셀러로 팔리는 사회에 살지만 정작 우리는 정의가 무엇인지를 규정하거나 요구하지 못한다. 생각할 수는 있어도 그것을 삶의 과제로 가져오는 건 목숨만큼 큰 대가를 요구한다. 공부할 수는 있지만 실제로 살 수는 없는, 그렇게 살면 안 되는 불온한 민주주의. 이미 법정에서 판결이 난 문제를 해결하기 위해 철탑에 올라야 하는 노동자에게, 학생의 인권이 조례로 보장된다는 사회에서 홀로 고립되어 아파트 난간에 올라선 청소년에게 민주주의는 어떤 의미일까? 삶은 이렇게 절박한데 민주주의는 박제된 골동품처럼 느껴진다.

아직도 민주주의가 더 필요한가?

진보와 보수를 막론하고 무슨 민주주의가 더 필요하냐는 이야기를 종종 한다. 지금도 민주주의는 충분하며 민주주의가 부족해서가 아니라 너무 지나쳐서 문제이고, 외국에서 얘기되듯이 현재의 문제는 과잉된 민주주의demorecracy라는 거다. 지금껏 자기 목소리를 내지 못했거나 자기 삶과 연관된 결정들에 참여할 수 없었던 사람들이 공론장에 모습을 드러내면 기득권층은 기함하며 이들을 막아선다. 마치 당장 무슨 변고가 일어날 것처럼, 사회가 하루아침에 무너질 것처럼 호들갑을 떤다.

그런데 이건 그들의 과장이 아니라 그들의 실감일 수 있다. 비교적 합리적인 보수주의자로 평가받는 송호근의 입장을 살펴보자. 송호근은《한국의 평등주의, 그 마음의 습관》에서 한국 사회의 가장 큰 문제로 "평등 지향적 심성"을 지적한다. 원인보다는 결과에 더 민감한 평등주의 심성이 한국 사회를 하향 평준화시켰고, 이런 습속folklore이 누적됨으로써 "책임과 의무가 결여된 평등주의"*가 한국을 지배하게 되었다는 것이다. 그는 평등주의 자체가 해로운 것은 아니지만 비난의 심성, 분노와 적개심의 에너지 등이 공정성을 권리 투쟁의 대상으로 만들어 한국 사회를 파괴시켰다고 주장한다.

그러면서 송호근이 해법으로 제시하는 것은 '다원적 평등'과 관용이다. "똑같은 양의 재산을 소유하도록 하는 것이 아니라 사회적 가치의 다양성을 반영하는 다양한 분배 기준을 요구"하는 다원적 평등 개념을 주장하고, "양보의 기억을 쌓는" 관용을 강조한다.** 도발적인 문제 제기에 비해 다소 모범생 같은 결론이다.

어쨌거나 민주주의가 지나치게 평등을 지향하면서 사회의 반목만 낳았다는 것이 송호근의 분석인데, 이 분석은 문제가 좀 많다. 일단 사회적인 평등을 논하는 전제가 잘못되었다. 송호근은 "사회주의권을 제외하고 자본주의권에서 한국은 소득 불평등이 비교적 낮았던 국가에 속한다. 적어도 금융, 토지, 주택 소유를 논외로 하고 소득만을 비교했을 때에 한국은 급속한 산업화에도 불구하고 소득 불평등이 낮은 매우 모범적인 국가로 꼽혀 왔다"***고 얘기한다. 그런데 한국

---

* 송호근(2006),《한국의 평등주의, 그 마음의 습관》, 삼성경제연구소, 67쪽.
** 송호근(2006), 앞의 책, 153~160쪽.
*** 송호근(2006), 앞의 책, 12쪽.

사회의 심각한 양극화는 소득만이 아니라 그가 배제한 금융, 부동산에서 비롯되기도 한다. 예를 들어 손낙구의 《부동산 계급사회》에 따르면, 1988년과 2006년 사이에 "토지 소유자 중 상위 50%가 소유한 면적 비중은 98.2%에서 99.6%로 늘어났다".[*] 민주화 이후에 토지 소유에서 빈부의 격차가 더 벌어진 것이다. 그러니 사회가 평등해졌는데 반목만 늘어났다고 주장하기는 어렵다. 외려 실질적인 평등이 더욱더 요구되었는데 그것이 좌절되었다고 볼 수 있다. 보통 과잉을 주장하는 얘기들은 자신의 기득권을 지키려는 시도일 때가 많다. 이들은 본질이 제대로 건드려지지도 않았는데 본심이 드러날까 아프다며 엄살을 떤다.

자신의 이해관계를 드러내지 않으면서 과잉을 주장해야 하기에 때론 역사가 왜곡되기도 한다. 가령 송호근은 "1987년 민주화 과정은 재산 축적을 향해 무한 질주를 해 온 '교양 없는 중산층'과 '결과의 평등'을 앞세운 노동 계급 간 전면 대결로 촉발되기에 이르렀다. 민주화 과정이 재분배 문제를 둘러싸고 각 집단과 계급의 이해 충돌과 갈등으로 점철된 이유"[**]라고 주장한다. 그런데 이것은 실제 역사와 다르다. 전 세계 어느 나라에서건 민주주의는 중산층과 노동 계급의 대결이 아니라 기득권층과 새롭게 등장한 정치 주체의 대결이었다. 한국의 경우도 마찬가지이다. 그렇다면 왜 이렇게 묘사했을까?

이런 잘못된 정보는 한국 사회가 공정 사회나 기회 균등을 부르짖

---

[*] 손낙구(2008), 《부동산 계급사회》, 후마니타스, 55쪽.
[**] 송호근(2006), 앞의 책, 115쪽.

어도 사실상 양극화된 질서로, 즉 특권을 남용하는 소수의 기득권층과 주어진 권리조차 제대로 누리지 못하는 대부분의 시민들로 분리되었다는 사실을 감춘다. 인사 청문회에서 보이듯 기득권층에겐 부동산 투기가 상식이고 직위를 남용한 특혜가 권리이며 학벌은 상속되는 재산이다. 재벌가의 후손들에겐 불법 증여나 분식 회계가 상식이고 특별 사면이 권리이다. 그래서 무엇이 잘못인지를 그들은 이해하지 못한다. 그런데도 시민들의 분노를 원인 없는 적개심이라 불러야 할까? 민주주의가 사회를 "하향 평준화"시킨 게 아니라 한 국가 안에서 기득권층과 시민들의 삶이 완전히 분리되어 버린 것인데, 이것이 평등주의 탓일까?

과잉을 주장하는 기득권층에게는 지금껏 눈에 들어오지 않던 사람들이 자신과 동등해지면 위험해 보인다. 민주주의는 그런 동등함을 전제하기에 불손한 것이고, 과잉과 문란의 위험을 내포한 민주주의는 절제되어야 한다. 1987년 민주화 당시 노동자들이 요구한 것은 단지 임금 인상이 아니었다. 구해근의 《한국 노동계급의 형성》을 보면, 당시 "노동자들은 임금 및 상여금 인상, 노동 시간 단축, 조장組長에 의한 자의적인 평가 폐지, 화이트칼라와 블루칼라 노동자 간의 지위 구분 철폐, 식사의 질 개선, 복장과 머리 길이에 대한 규제 철폐, 강제적인 아침 체조 중단을 포함한 정말로 긴 요구 목록을 제시했다."* 동등한 사람으로 대우받기를 원하는 것이 당사자에게는 최소

---

* 구해근 씀, 신광영 옮김(2002), 《한국 노동계급의 형성》, 창비, 231쪽.

한의 조건이지만 이들을 관리하는 사람에게는 과잉이라 도저히 받아들일 수 없는 요구이다. 법으로 보장된 휴일을 쉬는 것도 눈치를 봐야 하고 계약서를 쓰자고 맘 편히 얘기할 수 없는 사회, 여성이라는 이유로, 나이가 어리다는 이유로, 장애인이라는 이유로 무시당하고 배제되는 사회에서 우리도 당신들과 동등하다고 얘기하는 평등은 질서를 파괴하는 위험한 것이 된다.

그래서 송호근의 모범 답안 같은 다원적 평등과 관용은 현실의 불평등과 반反민주주의를 지속시킬 뿐이다. 헤르베르트 마르쿠제는 《A Critique of Pure Tolerance 순수관용비판》에서 한쪽 편을 들지 않는 비정파적인non-partisan 관용을 '추상적' 또는 '순수한' 관용이라고 부르면서 이런 관용이 현재의 차별과 착취, 억압을 지속시킨다고 비판했다. 비판하는 사람들이 자신의 입장을 분명히 밝히고 선전할 수단을, 자기 삶과 연관된 결정을 내릴 힘을 갖지 못한 상황에서 모두가 똑같이 관용해야 한다는 것은 거짓이다. 그래서 마르쿠제는 보편적인 관용이 아닌 '차별하는 관용discriminate tolerance'을 제안했다. 이는 루쉰이 '물에 빠진 개를 때릴' 것을 주장하는 것과 비슷하다. 왕의 머리가 잘리지 않았다면 과연 프랑스혁명이 지속될 수 있었을까? 때로는 불공정한 조건을 바로잡기 위한 과잉된 개입이 민주주의를 위해 필요하다.

그런 의미에서 민주주의는 좀 과잉될 때에만 생명력을 가질 수 있다. 자신을 동등하게 대해 달라는 목소리와 개입이 있어야 기득권이 해체되고 새로운 정치가 시작되기 때문이다. 그리고 과잉이라는 목소리가 터져 나오는 것은 기득권이 위협받고 있음을 뜻하기에, 어쩌면 우리가 조금 더 본질에 다가서는 것일 수 있다. 그러니 누가 과잉을 주장하는지 잘 살펴야 한다.

학교와 연관 지어 생각해도 마찬가지이다. 학교가 과잉을 외치며 지키려 하는 본질적인 이해관계나 기득권은 무엇일까? 학교가 학생회 선거에 개입하고 학생들의 삶을 규율하려는 이유는, 국가와 사회가 청소년의 삶을 규율하려는 이유는 뭘까? 이런 부조리한 현실과 학교를 바로잡기 위해 교사와 학생은 같은 세계에 살고 있고 서로를 동등한 존재로 바라보고 있는가? 이런 질문들을 던질 수 있어야 민주주의는 때에 따라 필요한 게 아니라 언제나 필요한 것으로 인정될 수 있다.

몫 없는 자들의 민주주의, 그게 가능할까?

노동자나 소수자의 인권이 처참하게 짓밟히는 상황에서 다른 한쪽에선 인권조례가 논의되고, 주민들의 참여를 님비라 매도하거나 폭력으로 진압하는 상황에서도 어느 한쪽에선 주민참여조례들이 제정된다. 이렇게 이상한 나라에 살다 보면 판단력도 흐려질 수밖에 없다.

학교를 봐도 그렇다. 무상급식이 조금씩 확산되고 있지만 그것을 함께 밥을 먹는 공동체 문화, 즉 식구食口라 부를 수는 없다. 대학 등록금이 반값으로 떨어질 수는 있으나 대학의 교칙이나 수업 과정에 대한 권리는 오로지 대학 당국의 것이다(최근 조직폭력배들이 총학생회를 장악하는 대학도 나오고 있다). 단지 수업만이 아니라 학교의 공간

을 구성하고 학생들이 생활할 권리조차 학교 당국의 손에 좌지우지
된다. 설령 학생인권조례가 제정되더라도 그 사안을 해석하고 판단
하고 결정할 권리가 교사나 학교에만 있다면, 그 역시 민주주의가 아
니다. 제도가 권리를 보장해 줄 수는 있지만 그것이 정치를 보장하지
는 못한다.

한때 몫 없는 자들의 민주주의라는 말이 유행했다. 몫 없는 자들
이야말로 민주주의의 주체이니 치안의 질서에서 벗어나 강하게 '아니
오'라고 외치며 정치를 활성화시켜야 한다는 건데, 안타깝게도 한국
에서는 치안의 힘이 너무 강하다. 제주도 강정마을에서 서귀포경찰
서장이 수배자를 찾는다며 온 마을을 뒤지고, 서울시 중구청장이 대
한문 앞 농성장을 부수고 화단을 만들고, 이명박이 광화문에 명박산
성을 쌓고, 박근혜가 블랙리스트를 작성한 건 수많은 사례들 중 하
나일 뿐이다. 이런 사회에서는 권리의 목록을 제 아무리 길게 만들
고 읽어 줘도 그것을 실제로 쓸 사람은 적을 수밖에 없다. 몰라서 못
쓰는 게 아니라 알아도 안 쓰는 게 약자의 권리 아니던가.

그리고 우리는 계속 한계를 넘어선 상황에 직면하고 있다. 쇠사
슬을 감고 저항하던 제주도 강정마을 강동균 마을회장이 경찰에 끌
려가는 사진에서는, 백남기 농민이 '물대포'에 맞아 쓰러지는 장면에
서는 치안의 흔적을 찾아볼 수 없다. 그건 그냥 폭력, 공권력의 탈을
쓴 노골적인 폭력이다. 몫을 논하는 순간 돌아오는 이 폭력 앞에서
정치는 무기력하기 짝이 없다.

한때 호모 사케르homo sacer라는 말이 유행했다. 한국에서 노동자
와 청소년, 소수자들은 이미 헐벗은 삶을 살고 있다. 내가 그 현장과

자리에 서지 않기를 원할 뿐 우리는 '죽음의 뺑뺑이'를 돌고 있다. 언제 어떻게 죽음을 맞이할지 모르는 존재들이다. 무기력한 민주주의가 이 뺑뺑이를 멈출 수 있을까?

그래서 우리 사회에서는 새로운 정치의 등장이 불가능하거나 매우 어렵다. 아니, 자기 자신과 우리의 몫을 사유하는 것 자체가 어렵다. 진보와 보수의 갈등이 정치의 성장을 가로막는다고 말하지만 사실 지금 한국 사회에서 가장 필요한 건 갈등과 싸움이다. 지금 정치와 민주주의에서 중요한 건 보수와 진보 이전에 자신과 우리의 몫이다. 보수와 진보는 그 몫을 인지하고 난 뒤에야 의미 있는 질문이 될 수 있다.

예를 들어, 고등학생의 삶을 변화시킬 수 있는 여러 방법들이 있겠지만 그중 하나는 참정권이다. 17세부터 투표권을 행사할 수 있으면 어떤 일이 벌어지고 무엇이 바뀔까? 고등학생들이 스스로 교육감을 선택할 수 있다면 학교가 어떻게 바뀔까? 지금처럼 정치인이나 교육공무원들이 '시혜'의 관점으로 학생이나 청소년의 권리를 접근할 수 있을까? 아마도 학생들이 투표권을 가지게 되면 유권자들이 가득한 학교 앞은 선거철마다 후보자들의 주요 무대가 될 것이다. 그리고 교사 역시 수업 외의 시간에 학생들을 대하는 시선이 바뀔 것이다. 자기 몫을 생각한다면 보수와 진보보다 이게 더 중요한 문제 아닐까?

찾아보면 정보가 없지도 않다. '청소년의 정치적 기본권 내놔라 운동본부(내놔라 운동본부)'는 이미 5가지의 명쾌한 요구안, 즉 '선거권·피선거권 내놔라', '모이고 외칠 권리 내놔라', '학교 민주주의 내놔라', '판단할 권리 내놔라', '우리 동네 내놔라'를 요구하고 있다. 너무나 훌

룽한 요구이다. 문제는 이런 요구를 실현할 방법이다. 어떻게 하면 이 요구를 실현할 수 있을까? 그리고 누구에게 내놓으라고 요구해야 할까? 나는 알고 있는 내놔라 운동본부를 정작 당사자인 청소년들은 모르는데 어찌해야 할까? 이런 물음을 던지다 보면 희망이 그려지지 않는다. 정치는 자신이 속한 세계와 자기 자신에 대한 관심에서 비롯되는데, 그것은 이미 고등학교부터 대상화되어 관전 포인트를 찾는 '객관적인' 문제가 되어 버린 듯하다.

그렇다고 자기 몫을 못 챙기는 사람들을 탓할 문제는 아니다. 사람들이 자신의 몫에 대해 진지하게 성찰하고 판단할 수 있는 장 자체가 없다. 중요한 정치 의제는 언제나 중앙이나 외부에서 논의되다 삶으로 툭 떨어진다. '자아 성찰'과 '자기 판단'은 교과서에나 나오는 얘기이고 실제 삶에는 그런 과정이 없다. 수많은 착시 현상들이 판단을 방해하니 판단력은 더욱 떨어지고, 똑똑한 사람들이 반드시 좋은 시민이라는 보장도 없으니 대략 난감이다.

예전에 고등학생을 대상으로 정치학교를 열고 싶어 하던 교사를 만난 적이 있는데, 그때 나는 쉽지 않을 거라 얘기했다. 정치는 동등한 자들이 자웅을 겨루는 장이기 때문에 학교라는 장은 정치에 적합하지 않다. 어느 한편을 시혜나 훈육의 대상으로 보는 곳에서는 정치가 시작될 수 없다. 정치에 관한 지식을 교육할 수는 있겠지만 그곳이 '정치의 장'일 수는 없다. 학교를 지배하는 원리는 우정이 아니기 때문이다.

그런 점에서 스스로 주체로 서지 못하는 민주주의, 서로를 알아보고 동등하게 인정할 수 없는 민주주의, 새로운 관계와 만남으로 이어지지 않는 민주주의는 가식이다. 내가 저들을 위해 권리 목록을 만들고 보장하는 방식이 아니라 그들과 함께하는 것, 그것이 민주주의이다. 이를 위해서는 다음과 같은 물음이 필요하다. 우리가 어떤 세계에 같이 살고 있는가? 함께한다는 것의 의미는 무엇인가? 우리는 서로를 그렇게 마주 보고 있는가?

의식과 교육이 민주주의를 체화시킬 수 있을까?

사람들과 정치를 얘기하다 보면 종종 냉소를 경험한다. 이런저런 일에 개입해 봐야 별 효용도 없고 나만 피해를 볼 것이라 생각하고, 나아가 뭔가를 하려는 사람들을 지지하지 않고 주저앉으며 원래 다 그런 거라고 한다. 현실에 무심해서가 아니라 현실에 밝을수록 더 심한 냉소주의에 빠지기도 한다. 이렇게 이미 냉소를 품은 사람들을 의식화시키고 교육한다고 한들 그 삶이 바뀔 수 있을까?

몇 년 전에 관둔 대학에서 나는 '시민교육'이라는 과목을 담당했다. 인문 정신을 내세운 교양 과정 개편이 그 과정을 이수할 사람들과 합의 없이 진행되었고, 학생들은 무슨 과목인지도 모른 채 수강 신청을 해야 하는 '수강 대란'이 벌어졌다(좋은 내용이면 과정이 중요치 않다는 생각은 그곳에서도 반복되었다). 시민교육도 그 교양 과정의 일부였고, 심지어 필수 과목으로 지정되었기에 학교 내외의 관심을 많이 받았다.

그런데 문제는 시민교육의 방법에 관한 합의가 없었고, 가장 심각한 건 강사들이 학생들을 시민으로 만들 수 있다는 판단이었다. 설령 내가 좋은 시민의 삶을 살고 있다손 치더라도 그 삶과 판단을 다른 사람에게 강요할 권리는 없다. 사실 시민으로서의 삶이란 학습되는 게 아니라 경험되는 것이고, 그렇다면 최상의 교육은 내가 시민의 삶을 더 열심히 살아 그 삶이 주변에 울림을 만드는 것이다. 굳이 따라오라 설명하지 않아도 공명할 수 있는 교육의 관계, 그것이 민주주의 아닐까?

하지만 강사들이 스스로에게 던져야 할 질문은 빈약해진 채, 시민교육은 학생들이 팀을 짜서 현장 활동을 하고 이를 정리하는 과정으로 진행되었다. 그러면서 나는 '내가 지금 무엇을 하고 있는가?'라는 질문에서 벗어날 수 없었다. 시민으로서의 삶이 왜 중요하고, 시민의 권리를 조직하는 법이나 그것을 지키기 위해 민원을 넣거나 압력을 행사하는 법, 아르바이트를 할 때에도 고용계약서를 써야 하는 이유 등을 학생들에게 가르쳤는데, 정작 학교에서의 내 삶은 그 앎을 반영하지 못했다. 학교를 관두게 된 이유 중 하나는 이처럼 앎을 반영하지 못하는 삶이었다. 앎과 삶의 모순, 이 커다란 간극을 해결하지 않고 나 스스로도 그 간극을 메우려고 노력하지 않으면서 대체 어떤 교육이 가능할까? 하물며 시민교육이라니.

물론 대학 밖의 시민사회단체활동가들이 대거 수업을 맡으며 기존의 교육 방식과는 다른 방식을 도입한 것은 학내에 많은 활력을 주었다. 하지만 그것이 서로의 주체성을 존중하고 살리며 서로를 변화시키는 교육이었는지는 의문이다. 그리고 학점을 매기고 받는 관계에 어떤 변화가 있었던가? 내용을 함께 기획하고 실천했다면 이미 평가란 불가능할 뿐 아니라 무의미한 것이지 않은가? 이런 모순을 해결하지 않은 채 민주 시민이 되라고 하니 일시적인 경험이 장기적인 삶의 변화로 이어지기 어렵다. 팀을 구성하는 목적이 학점 경쟁을 위해서라면 TV의 오디션 프로그램과 무엇이 다를까.

그리고 대학생들의 현실과 대학을 바꾸기 위해 대학 안과 밖이 어떻게 연계되었던가? 사학 재단의 소유물로 둔갑한 공공재인 대학을 바꾸기 위해 시민교육에 참여했던 많은 시민사회단체들은 어떤 역할을 했던가? 만일 시민교육이 제대로 진행되었다면 그 학교의 교육과정이나 교칙이 엄청난 변화를 겪어야 했을 텐데, 지금도 그런 소식이 전해지지 않는 걸 보면 그 과정의 한계를 느낄 수 있다.

대학만이 아니라 다른 공간에서 진행되는 민주시민교육을 봐도 비슷한 느낌을 받는다. 교육을 받아서 어디에 어떻게 써먹으란 얘기인가? 청소년들이 노동 기본권에 대한 교육이나 인권교육을 받는다손 치더라도 그것을 어디에 써먹으란 얘기인가? 아르바이트를 하는 주유소나 편의점의 사장이나 점장, 매니저에게 그것을 써먹을 수 있을 것인가? 학생이나 교사들이 민주시민교육을 받는다손 치더라도 비민주적으로 운영되는 학교에서 그 내용을 어떻게 써먹을 수 있을까?

정치와 민주주의를 경험할 수 있는 공공 영역이나 공론장은 계속 줄어드는데, 권리를 교육받은 시민들은 늘어나고 있다. '모든 인간은 평등하다'는 건 공리이지만, 현실에서 힘을 발휘하지 못하는 공리는 분노보다 냉소를 낳기 쉽다. 이 냉소를 어떻게 극복할 것인가? 또 다른 권리 목록으로 이를 해결할 수 있을까? 의식화와 교육으로 이를 해결할 수 있을까?

사실 이 물음에 대한 모범 답안은 없다. 다만 내가 관심을 가지는 역사는 있다. 일제 식민지 시기에 안창호 선생과 이승훈 선생은 학교를 세웠다. 평범한 사람들이 외부의 힘에 휘둘리지 않고 둥글게 둘러앉아 삶을 공유하고 나눌 수 있다면 일제가 아닌 어떤 다른 국가로부터도 독립할 수 있을 거라고, 자치와 자급이 이루어진다면 일제가 물러가지 않아도 이미 독립된 삶을 살 수 있을 거라고 그들은 판단했다. "지금 나라가 날로 기우는데 가만히 앉아 있을 수는 없습니다. 총칼을 드는 사람도 있어야겠지만, 중요한 건 백성들이 깨어나는 것입니다"라는 오산학교의 설립 정신은 그 고민을 말해 준다.

비록 안창호, 이승훈 선생의 이상촌 계획은 일제의 탄압으로 좌절되었지만 그들이 학교를 통해 이루려고 했던 바는 원주나 홍성으로 이어져 지금도 역사를 이어 가고 있다. 그들의 계획에서 눈에 띄는 점은 학교와 협동조합, 지역 사회를 하나의 체계로 생각했다는 점이다. 학교를 졸업한 학생들이 협동조합을 구성해서 살림살이를 해결하고 이런 관계망이 지역 사회를 단단하게 만든다면 이상촌을 만들 수 있을 거라고 구상했다.

의식과 교육이 아니라 생활이, 직접 그렇게 살아 보는 경험이, 그리고 그런 삶을 고양시키는 앎이 식민지라는 현실을 극복하게 만들 것이라고 그들은 기대하지 않았을까? 방관자의 자세에서 벗어나 그 문제를 내 것으로 삼아 참되고 실속 있게 행한다는 무실역행務實力行, 서로의 사랑을 도탑게 하라는 정의돈수情誼敦修는 마음에 깊은 울림을 준다. "나는 씨앗이 땅속에 들어가 무거운 흙을 들치고 올라올 때 제 힘으로 들치지 남의 힘으로 올라오는 것을 본 일이 없다"는 이승훈 선생의 말 역시 우리가 어디서 시작해야 할지를 알려 준다. 지금 필요한 건 삶과 괴리된 앎이 아니라 삶으로 단단하게 뭉쳐질 수 있는 앎과 그런 앎의 관계이다. 자신이 어디서 왔는지에 대한 물음과 깨달음, 같은 세계에 사는 동료 시민과의 구체적인 만남과 관계, 이 관계를 바탕으로 스스로 만들어 가는 세계, 이런 것이 민주주의를 가능케 하지 않을까?

나는 이 말들을 사랑으로 살림살이(경제)를 살고 우정으로 정치하자고 풀이하고 싶다. 정치가 사랑의 장이 아니라 우정의 장인 것은 연인이 아니고 친구여야 몰입하지 않고 거리를 지키며 서로의 잘남을 뽐낼 수 있기 때문이다. 사랑하고 우정을 맺으며 산다면, 힘 있는 자들의 통제를 경계해야 하겠지만 마냥 걱정하거나 두려워할 이유도 없을 것 같다.

없으면 절대 안 되는 정치와 권력을 왜 안 가르치나

|

홍윤기 동국대 철학과 교수 philoedu1985@gmail.com
서울시 민주시민교육자문위원회 제1기 자문위원장.

도덕성주의의 부도덕한 역설 : 무지의 옹호로서 도덕

상당 부분 대학교육을 포함하여, 대한민국에서 실시되는 각급 학교교육에서 정치, 그것도 현실 정치는, 교육의 주제로도 학교 안의 일상적 담화에서도 사실상 금기시되어 왔다. 통상적으로 거론되는 가장 큰 이유는, 아직 미성숙한 학생들이 배우거나 취급하기에 정치와 권력, 특히 현실 정치와 권력은 너무 어려운 주제라는 것이다. 그 다음으로는, 성장기의 학생들이 어설프게 정치와 권력의 속성을 알고 나면 학교 운영 당국과 교사들이 감당하기 어려운 문제들을 도발할 여지가 아주 높다고 한다. 그리고 마지막으로 나오는 이유는, 정치 특히 현실 정치와 권력은 아주 더러워서 아직 미숙한 학생들에게 앞으로 겪어야 할 바람직한 삶의 장으로서 가르치기에 꺼려진다는 것이다. 그래서 각급 학교를 차례로 졸업하여 높은 학벌을 가져도 우리 어린이·청소년들은, 장차 자기의 인생에서 가장 심각한 영향을 끼칠지도 모르는 현실 정치와 권력에 대해, 정규 교육에서는 학습하거나 체득하지 못한 정치 문맹자 또는 권력 문맹자로 사회에 나온다.

따라서 현실 정치와 권력에 대한 대한민국 학교교육의 일관된 대응책은, 한마디로, "(현실) 정치와 권력은 No! 그저 도덕을 배우는 선에서 나가라!"이다. 삶의 현장에서 무시로 사람들을 자극하는 민주주의, 권리, 권력, 법적 책임, 시민 저항 등에 대한 교육은 모두 그에 대한 도덕, 그런 주제를 대하는 학생 자신의 개인적 도덕성을 점검하는 선에서 마무리된다. 세상이 아무리 더러워도 너희들은 그런 것 모른 채, 그저 도덕적으로 처신하고 각자의 도덕성을 기르면 된다는 선에서 대한민국 학교교육은 자기 의무를 다한 것처럼 손을 턴다.

그런데 대한민국 교육에서 도덕성에 대한 요구는 부도덕한 행위나 상황에 대한 비판적 의식을 뜻하지 않는다. 대한민국 교육에서 도덕성은 철저하게 행위자 자신부터 도덕적이기를 요구한다. 그러다 보니 한국식 도덕성은 더불어 사는 타자와 자기가 살고 있는 세계 상황에 대해 인식하는 것보다는 오히려 그것들을 도외시하는 일종의 초연함을 뜻한다. 학교에서 이 점은 입시 교육의 압박 때문에 더욱 조장된다. 타자의 사정에 대한 철저한 무감각과 자기가 사는 생활 세계에 대한 무지를 조장당하는 가운데, 대한민국 학교교육에서 공부하는 학생이란 오직 눈앞에 펼쳐진 필답 시험지에서 미리 정해진 답안을 찍어 내거나 따라 적는 데 능숙한 학생을 의미한다. 그런데 정치적으로 순진무구한 어린이와 청소년들의 순결한 영혼을 도덕적 숭고함으로만 채우려는 듯한 이런 대한민국 학교교육의 망상은 경우에 따라 피해 가기 극히 곤란한 현실이 학교 담장을 넘어 교실 안으로 들어오거나 학교 그 자체가 그런 현실의 원인이 되었을 때 그 자체가 도덕적 시험대에 오른다.

광장 민주주의, 그리고 청소년의 참여

2016년 10월 29일 시작하여 11월 내내 5차까지 벌어진 촛불 시위는 제도권 정치의 모든 기회주의를 깨끗이 쓸어 낸 정초적 시민 항쟁을 만들어 냈다. 이 '11월항쟁'이 딱 한 세대 전인 1987년 6월항쟁과 어떤 점에서 다른 전개 양상을 띠는지에 관해서는 앞으로 심층적인 분석이 필요하지만, 분명하게 나타난 것은 11월항쟁의 가장 핵심적 양상은 그 시발서부터 10차례에 걸친 시위가 사실상 비폭력·합법·평화의 축제성 집회라는 점이었다. 폭력적인 군부 독재에 맞서 비록 저강도이긴 하지만 대응 폭력이 어느 정도 활용되었던 1987년 당시와는 확연하게 달랐던 것이다.

그러면서 바로 이런 특징적 양상에 힘입어 우선, 항쟁에 참여한 시민의 수와 구성이 폭발적으로 확산하고 심화되었다. 11월항쟁은 국회의 탄핵 의결을 목전에 둔 12월 3일 6차 시위에서 전국 232만 시민이 결집하는 것으로 절정에 달했다. 그러면서 참여 시민의 캐릭터도 예전에 시위를 주도했던 조직 단위의 남성들보다는 여성 시민들의 참여가 대폭 증가했다. 그 참여 단위도 조직 단체뿐만 아니라 지역 동호인, 가족, 개인 등을 아울렀다. 그리고 이들과 함께 나온 어린이와 청소년의 숫자가 급격히 늘어났으며 이에 못지않게 중고생 청소년들이 그룹 단위로 밀려 나왔다.

가장 눈에 띄는 변화는 중학생·고등학생들로 이루어진 청소년들의 참여가 양적으로나 질적으로나 획기적으로 증가하고 다양화되었다는 것이다. 물론 시국 집회에 청소년이 참여한 것은 결코 전례가 없는 일이 아니었다. 1960년 4.19혁명의 기폭제는 눈에 최루탄이 박힌 채 시체로 떠오른 마산의 고등학생 김주열이었다. 나아가 2008년 미국산 쇠고기 광우병 파동 때 그 집회의 규모를 키운 사실상의 동력은 당시 중학교나 고등학교를 다니던 여학생들에서 나왔다.

11월 5일 2차 촛불 집회에서 '중고생혁명지도부'라는 명칭을 버젓

이 내걸고 "중고생이 앞장서서 혁명 정권 세워 내자"라고 쓴 펼침막을 앞세워 광화문 집회 현장 안팎을 누볐던 이른바 '중고생연대'의 등장은 현실 정치 그 자체에 대한 명확한 정치적 의식을 자기 행위로 표출한 현상이었다. 거기에 놀란 사람은 이 청소년 모임이 종북 이적성을 지니지 않았냐며 다분히 신경질적으로 그리고 상투적으로 반응한 새누리당의 "친박 돌격대" 김진태 의원만은 아니었다. 청소년들이 보여 준 이 장면은 "기성세대 사회단체들이 쓸 법한 구호, 직함을 10대들이 사용하고 있었기 때문"에 "30대인 〈한겨레〉 기자 눈에도 생경"했다.*

하지만 대한민국 현대사에서 흔치 않은, 청소년의 이름을 내건 정치 단체라는 점에서 언론에서 아무리 큰 주목을 받았다고 하더라도** 이 단체의 행렬에 가담한 청소년들의 수는 "수백 명" 정도로*** 파악되었다. 광화문에서 열린 10차례의 집회에 직접 나가 본 이들은 분명히 느꼈겠지만(필자는 '우리헌법읽기국민운동'의 공동 대표로서 《손바닥 헌법책》을 청소년들에게 무료 배포하면서 길거리 헌법 강연을 위해 11월 12일, 26일, 12월 31일 세 차례 참석하였다), 이 자리에 나온 중고생들 가운데 상당수는 삼삼오오 또래 친구와 패를 지어 나타났다. 그러나 가장

---

* ""종북?" 김진태도 궁금해하는 '중고생연대' 어떤 단체?", 〈한겨레〉, 2016년 11월 15일.
** 이 단체를 주도적으로 조직한 최준호는 1998년생으로 KBS 시사교양 프로그램 〈명견만리〉에서 진행하는 TED의 연사로도 초빙되었다. [이다솔 외 9명, "이판사판 정치판 긴급구조 대한민국 5화 - 어느 10대의 고백 "우리도 여기 있습니다"", 〈스토리펀딩〉, 2016년 12월 22일] 참조.
*** 〈한겨레〉, 앞의 기사.

많은 숫자는 30~40대 젊은 부모와 가족 단위로 나왔다고 보이며, 압도적인 수의 초등학생들이 30대 후반의 부모나 아빠 또는 엄마와 손잡거나 팔짱을 끼고 집회 현장에 머물러 있는 장면이 더 빈번하게 눈에 띄었다. 필자가 듣기로 매 집회 때마다 서울교육청은 장학사들을 파견하여 만약의 사태에 대비하는 배려를 하였지만 학생 지도라는 명목을 일체 내세우지 않고 단속 활동은 전혀 행하지 않았다. 이들은 중고생연대뿐만 아니라 경찰에 집회 신고를 한 학생들의 숫자를 실시간으로 파악하고 있었으나, 가족 단위로 나온 초등학생이나 중·고등학생은 아예 집회 참여 학생으로 범주화하지 않았다.

광장 민주주의의 평화성이 참여 시민의 수를 폭발적으로 증가시키고 그 구성을 어마어마하게 다양화시켰다는 사실, 그러면서 현재 대한민국 제도권 현실 정치에서 정치적 미숙아로 취급하는 소위 '미성년자들'이 전 국민이 참여하는 이 광장 민주주의에 자율적으로 참여하여 집회 참여 인원수에 집계되고, 대통령 탄핵에 정치적으로 유효한 영향력 변수로 작동했다는 이 사실에서 우리가 얻어야 할 것은 무엇인가?

광장 민주주의의 계시
: 더 이상 정치 문맹, 권력 문맹 상태를 방치할 수 없다

2016년 시민 항쟁의 현장에서 대한민국 청소년의 실질적인 정치 참여가 이루어졌다. 그 경로는 일단 세 가지로 파악된다. 하나는, 그들 자신이 정치 주체로서 조직을 결성하고 정치적 차원으로 승급된 요구를 정리하고 표출하는 '중고생연대' 식의 경로인데, 정치 민주주의 선진국에서는 다반사인 이런 행위 양식이 아직 대한민국에서는 일단 징후 정도로 파악된다. 그리고 두 번째로, 그 어떤 조직이나 어른들 없이 또래나 학교 선후배끼리 나온 경우인데, 이들의 수는 어떻게 세더라도 중고생연대나 기타 다른 청소년 조직에서 움직인 청소년들의 수보다는 훨씬 많았다. 하지만 가장 많은 수는, 주로 30~40대로 보이는 젊은 부모들과 나온 어린이와 청소년들인데, 가족 단위 동원이 가장 많았던 각 집회의 양상을 근거로 이들의 수를 대략 헤아리면 아무리 줄여 잡아도 전체 시위 참여 인원의 10% 정도로, 대통령 탄핵을 주제로 한 시민 항쟁 참가자가 6~7만 정도는 된다고 보아야 할 것이다.

이른바 7080세대가 1987년 민주주의 체제의 기층을 떠받쳐 그 붕괴를 최후선에서 항상 저지해 왔다고 했을 때, 일생을 지속한 그 힘은 한 세대 전에 있었던 1987년의 6월항쟁을 만들었던 젊은 시절에 군부독재를 타도했던 경험에서 유래한다. 이 점을 그대로 유추해 보면 어린 시절 부모들과 함께 부정부패 세력과 그 수괴인 현직 대통령을 아주 평화적으로 축출해 본 경험은 2017년 현재의 어린이와 청소년들의 향후 일생에 참으로 중요한 정치적 개벽 체험으로 각인될 가능성이 아주 높다고 보아야 한다.

그렇다면 30년 전 독재를 타도해 일단 민주주의의 초석을 놓았던 현재의 장년층, 초로층이 그 자식들이라고 할 수 있는 이들 후속 세대들에게 해 줄 수 있는 것은 무엇인가?

이번 시민 항쟁에 어린이와 청소년이 직접적으로 또 가족과 더불어 대거 참여한 가운데서도 전혀 꿈쩍하지 않는 곳이 있다는 것은 아주 이상하면서도 불합리하다고 할 수 있다. 이미 이 글 서두에서 거론한 대로 2016년 시민 항쟁에 나타난 어린이들과 청소년들의 정치 참여 또는 시위 가담은 현재 대한민국 학교교육에서 설정하고 있는 학교 규칙의 도덕성 기준을 모두 훼손한 일종의 '일탈 행위'(?)이다. 그러면서 각급 학교는 어린이와 청소년, 그리고 이들과 더불어 가족 단위로 저질러진 이런 일탈 행위에 대해 그 어떤 처벌도, 그리고 거꾸로 그 어떤 의미 있는 계기 교육도 행하지 않았다. 다시 말해서 대한민국 전체가 들썩이는 요동기를 앞에 두고 학교는 학생들에게 어떤 것도 교육하지 않은 것이다.

문제는 어린이와 청소년의 이런 탈학교 정치 참여가 — 비록 현장 직접 체험의 직관적 일반화라는 맹점이 있기는 하지만 — 앞에서 분석한 대로, 대부분 젊은 부모들을 매개로 사적으로 그리고 자발적으로 이루어졌다는 것이다. 피상적임을 무릅쓰고 얘기하자면, 대한민국 각 가정에서 현실 정치와 현실 권력에 대해 벌써 자식들에게 선행 학습, 사교육을 시키고 있는 반면, 학교는 학생들에게 아무런 교육도 행하지 않는 무능력을 그대로 노출하고 있다.

더 큰 문제는, 어린이와 청소년에 대한 정치·권력교육이 이제 '미래' 시민에 대한 교육적 조처라는 식으로 정당화하기에도 이미 늦었다는 점이다. 왜냐하면 탄핵 국면을 거치며 진보 정치권뿐만 아니라 보수 정치권에서조차 선거권 연령을 고등학교 3학년 선인 18세로 낮추자는 의론이 급격하게 세를 얻었기 때문이다.

그러나 언론을 통해 전 국민적인 교육이 급작스러우면서도 자연스럽게 이루어진 이번 탄핵 건 말고 평소 극히 정상적이고 일상적인 상황에서 유권자로서 투표권을 행사하고, 주권자로서 각종 견해를 가지고 선택에 임해야 할 청소년들은 정치와 권력에 대해 얼마나 유효하고도 적절한 지식과 태도를 교육받았을까? OECD 34개국 가운데 선거 연령이 18세보다 늦은 나라로는 우리가 유일하다고 하는 것도 18세 청소년에게 선거권을 부여하자는 근거의 하나가 되고 있는데, 이런 점에서 보자면 청소년들에 대한 유효한 정치교육, 권력교육은 이제 당장 발등에 떨어진 불이 되고 있다.

정치·권력교육의 준거점 헌법, 그러나 헌법 망각 국가의 문제[*]

청소년들에게 당장 대한민국의 현실 정치와 권력 동향을 파악하고 유권자로서 투표권을 행사하고, 주권자로서 결정권을 행사할 능력을 키우라는 요구가 바로 떨어져도 학교에서는 도대체 무엇을 기준으로 학생들에게 정치와 권력을 가르쳐야 할지 막막한 것이 현실이다. 하지만 이 점에 대해서는 만국 공통의 해법이 있다. 즉 현대 국가에서 정치와 권력은, 더 말할 나위도 없이, 각 국가의 존립 근거인 '헌법'을 근거로 실행되고 행사되어야 한다는 것이다. 이 점에 있어서

---

[*] 이하의 서술은 우리헌법읽기국민운동과 시민과미래, 대도초등학교, 장안중학교 주최, 《학교 현장에서의 헌법교육 간담회 – '헌법아 놀자!' 프로그램을 중심으로》 자료집에 실린 〈이 나라 대한민국 주권자로의 성장이라는 지향점에서 본 학교헌법교육〉(35~39쪽)이라는 글을 전제로 한다. 이 행사는 서울시교육청 후원으로 2016년 12월 26일 서울시교육청에서 진행됐다.

는 그 누구의 이의도 있을 수 없다.

그 다음으로는 과연 각급 학교에서 대한민국 헌법을 제대로 교육하고 있느냐가 문제가 될 것이다. 더 말할 것도 없이, 이에 대해서는 대체로 부정적인 평가가 압도적일 것이다. 우리나라 학교교육에서 법, 그 가운데서도 헌법을 특정하여 거론하는 것은 그렇게 당연한 태도가 아니다. 대학 입시 교육이 모든 교육과정의 최종점인 것처럼 되어 있는 대한민국 학교교육에서 헌법은 국어, 영어, 수학과 같은 이른바 주요 과목에 비해 그 교육적 가치에 대한 평가는 지극히 낮은 것이 현실이다.

그럼에도 불구하고 학교 현장의 헌법교육에 대해 어떤 종류의 부정적 의견을 가지든 학교교육에서 〈대한민국 헌법〉을 교육할 단서가 전혀 없었다고 할 수는 없다. 사회 교과의 경우 이미 초등학교 고학년에서부터 헌법에 대한 언급을 하고 있다. 대한민국 정부는 2008년 〈법교육지원법〉을 제정하고 그 안에서(제2조 1관) "헌법적 가치관의 함양"을 법교육의 중요한 역할 가운데 하나로 설정하고 있다. 이와 연관하여 우리나라 교육과정에서 설정하고 있는 법교육 및 민주주의 정치 관련 학습 요목들은 다음과 같다.

2009 교육과정의 법 관련 교육과정

학년	법 영역
6학년	• 우리나라의 민주 정치
7학년	• 우리의 생활과 법 • 인권 보호와 헌법
10학년	• 인권 및 사회 정의와 법
11·12학년	• 법과 정치

〈법과 사회〉 교육과정(제7차)

영역	주제	내용 요소
법의 이념과 권리, 의무	○ 법의 의의와 구조 ○ 법의 일반 원칙과 법 적용 ○ 권리와 의무	• 법의 개념과 기능 • 법의 이념 • 법의 분류 • 권리 남용의 금지와 신의 성실의 원칙 • 법 적용의 원칙 • 권리의 행사와 의무의 이행 • 법치 사회와 민주 시민 • 법적 사고와 법적 문제 해결 능력
개인 생활과 법	○ 권리 능력과 미성년자의 권리 ○ 가족 관계와 법 ○ 민법의 기본 원리와 법 문제	• 권리 능력과 행위 능력 • 미성년자의 권리 • 가족 간의 법률관계 • 민법의 기본 원리 • 불법 행위와 손해 배상 • 부동산 거래와 등기
사회 생활과 법	○ 학교 생활과 법 ○ 여성과 법 ○ 소비자의 권리 보호 ○ 근로자의 권리와 법 ○ 환경과 법	• 교사와 학생의 권리 • 여성의 권리 • 여성과 법적 쟁점 • 소비자의 권리와 피해 구제 • 근로자의 권리와 의무 • 노동법 • 사회 보장 제도 • 환경 문제와 법적 해결
국가 생활과 법	○ 기본권 보장 ○ 행정법과 행정 구제 제도 ○ 범죄와 형벌 ○ 재판의 종류와 원칙 ○ 국제법과 국제 분쟁	• 인간의 존엄과 가치 • 평등권 • 자유권적 기본권 • 생존권적 기본권 • 행정 조직과 법치 행정 • 행정 구제 제도 • 형법과 범죄 예방 • 재판 절차와 종류 • 국제법과 국제 분쟁의 해결
법 생활의 발전과 과제	○ 법 문화와 법 의식 ○ 법률 구조 제도와 미래 사회의 법	• 법의식과 민주 시민의 자질 • 한국의 전통적 법문화 • 선진 외국의 법문화 • 법률 구조 제도 • 법의 변천과 미래 사회 • 미래 사회의 법적 쟁점

2009 교육과정

영역	내용 요소
민주 정치와 법	• 정치의 의미와 기능 • 민주 정치의 이념과 유형 • 민주 정치의 발전 과정 • 정치권력의 의미와 정당성 • 법치주의의 의미와 민주 정치와의 관계
민주 정치의 과정과 참여	• 정부 형태와 정치 제도 • 선거 제도의 유형와 특성, 정당과 정당 정치 • 정치 참여의 의의와 유형, 여론, 이익집단과 시민단체 • 정치 문화, 법문화
우리나라의 헌법	• 우리나라 헌법의 기본 원리 • 기본권의 종류와 내용, 기본권 제한의 조건과 한계 • 국가 기관의 구성과 기능
개인 생활과 법	• 민법의 기본 원리 • 계약과 불법 행위 • 가족 관계와 법 • 부동산 관련법의 이해 • 개인 간의 분쟁 해결의 절차와 방법
사회생활과 법	• 범죄와 형벌의 종류 • 형사 절차의 이해 • 행정 구제 제도 • 청소년의 법적 지위와 학교생활 • 소비자의 권리와 법 • 근로자의 권리와 법
국제 정치와 법	• 국제 사회의 특성과 변화, 국제 사회의 여러 문제 • 국제법의 특성 및 국내법과의 관계 • 우리나라 외교 정책과 과제 • 국제 사회 변동과 법적 쟁점

그러나 비단 학교교육뿐만 아니라, 헌법적 규범이 가장 중요하게 작동되어야 하는 제도권의 현실 정치 및 비제도권의 시민 정치 영역 등 '정치' 영역, 아울러 현존하는 법체계에서 헌법을 가장 근본적인 대원칙으로 설정하고 있어야 할 '법 현실' 면에서도 헌법은 그것이 마

땅히 누려야 할 최고 규범으로서의 위상과 그 현실적 구속력을 인정받지 못하거나 그 존재감이 제대로 의식조차 되지 않고 있다. 시민사회와 인간 생활을 규제할 윤리 규범도 마찬가지다. 거의 실정법적 효력을 담보하고 있는 헌법 속의 아주 구체적인 '도덕'규범들도 현존하는 규범력을 인정받지 못하고 있다. 한마디로, 법, 도덕, 정치 및 교육을 망라하여 헌법이 그 능력을 발휘해야 할 대한민국의 국가 활동은 전반적으로 '헌법 망각 국가'라는 활동적 공백을 안고 계속 왜곡된 양상을 보이고 있다.

대한민국 주권자로의 성장이라는 지향점과 주권자의 민주공화국

학교교육에서 헌법은 여러 가지 실정법들 가운데 그 실정성이 가장 취약한 일종의 공허한 원칙 문서 정도로만 취급된다. 학교교육에서 헌법교육은 '비非헌법교육'이다. 최근의 '촛불 시민 항쟁' 이전까지 현실 정치에서 헌법은 정치 행위를 규제하는 권력적 가치를 거의 인정받지 못하고 무시당했고, 그것은 일종의 '무無헌법 정치'였다. 나아가 우리나라의 일상생활에서 시민의 윤리 의식은 헌법에 담보된 도덕규범들을 구체적인 인륜적 규범으로 전혀 인지하지 않는 가운데 윤리적 공동체가 없는 듯한 '탈脫도덕의 윤리' 안에서 형성되었다. 가장 한심한 것은 헌법을 가장 의식해야 할 법조계에서도 '헌법 공백의 법조술法曹術'이 주류를 이루었다는 것이다.

우리나라, 대한민국에 대해 대부분의 국민은 일정한 상像을 갖지 못하고 일상적인 생활 과정에서 여러 경로를 통해 산만하게 습득한 단편적인 편견을 축적한다. "우리나라 좋은 나라"라는 동요의 가사에서부터 사회적으로 고착된 '헬조선'이라는 자기 파괴적이고 자기 냉소적인 혐오에 이르기까지 다양하다. 대한민국의 국가 시민들에게 비판과 희망을 모두 가능하게 만드는 정당한 표준상을 제공하지 못하고 있는 것이다. 심지어 우리가 운영하는 제도의 어떤 부분이 그런 것을 담보하고 있다는 사실조차 알지 못한다. 더불어 국가의 존립 근거, 정당성의 근거, 그리고 국가가 있어야 할 필요성과 과업 및 국가 목표들을 상세하게 규정한 '헌법'의 의의를 제대로 인지하지 못하고 있다.

현대 이전에 나라를 세울 때는 실제로 그 나라의 권력을 구현할 주권자로서 단일 인격체로 현신하는 '왕王' 또는 '군주君主'(둘 다 monarch의 번역이다)가 있어야 했다. 그러나 현대에 와서 주권자는, 예전에는 왕의 신민이나 백성으로 취급되던 '시민들citizens'이나 '인민' 또는 '국민'(둘 다 영어 people의 번역어이다)이다. 그리고 현대에서 '국가國家, nation, state'는 단일 인격체가 아닌 집합 인격체로, 국가의 주권자인 시민들이 어느 한 인간의 일방적 명령이 아니라 자유롭고 평등한 인격체로서 정의롭다고 생각하여 제시한 '헌법constitution'을 통해 광범위한 합의를 모음으로써 세워지는 것이다. 즉 예전에는 단 한 명의 주권자가 왕으로 현신하면 국가가 세워졌지만, 오늘날의 국가는 주권자들이 협약의 능력을 발휘하여 그 일반 의지로 합의한 헌법이 있어야 세워진다. 즉 예전에는 왕이 있어야 나라가 섰지만 오늘날에는 헌법이 있어야 나라를 세웠다고 할 수 있을 것이다.

1919년 4월 11일 대한민국 임시정부 임시의정원에서 "대한민국 임시정부 법령 제1호"로 선포한 〈대한민국 임시 헌장〉에서 대한민국은 "남녀, 귀천 및 빈부의 계급이 없으며, 일체 평등"인 "대한민국의 인민"(제3조)이 세운 "민주공화제로 함"이라고 선언한 이래, 거의 100여 년 동안 이 국체를 포기한 적이 없었다. 따라서 대한민국을 위한 그 이후의 모든 독립운동은 남녀, 귀천 및 빈부의 계급이 없이, 일체 평등인 대한민국의 인민 모두가 참여한 전 민족적 건국운동으로 전개되었으며, 바로 이 운동을 근거로 주권 국가로서 국제적 승인을 획득하였다.

규범 가치의 총화로서 〈대한민국 헌법〉과 주권자의 시민적 자질

제대로 인지되고 있지 않지만 〈대한민국 헌법〉에는 사실상 법적 효력을 갖는 10가지의 가치가 규범 가치로서 명기되어 있다.

〈대한민국 헌법〉에 명기된 10대 시민적 규범 가치

시민 가치	헌법 조항	규정 내용
존엄성	제10조	"모든 국민은 인간으로서의 존엄과 가치를 가지며"
인도와 동포애	전문	"정의·인도와 동포애로써 민족의 단결을 공고히 하고"
사적 규범 보장(친밀성)	제17조	"모든 국민은 사생활의 비밀과 자유를 침해받지 아니한다."
자유	전문	- "자유와 권리에 따르는 책임과 의무를 완수하게 하여" - "우리들의 자손의 안전과 자유와 행복을 영원히 확보할 것을"
자유	제2장 국민의 권리와 의무	- 신체, 거주·이전, 직업 선택, 주거, 사생활, 통신의 비밀, 양심, 종교, 언론·출판·집회·결사, 학문과 예술(제12~22조)
자유	제37조	"국민의 자유와 권리는 헌법에 열거되지 아니한 이유로 경시되지 아니한다."

평등	전문	- "정치·경제·사회·문화의 모든 영역에 있어서 각인의 기회를 균등히 하고" - "안으로는 국민 생활의 균등한 향상을 기하고"
	제11조	"① 모든 국민은 법 앞에 평등하다. 누구든지 성별·종교 또는 사회적 신분에 의하여 정치적·경제적·사회적·문화적 생활의 모든 영역에 있어서 차별을 받지 아니한다." 외 ②, ③항
정의	전문	"조국의 민주 개혁과 평화적 통일의 사명에 입각하여 정의·인도와 동포애로써 민족의 단결을 공고히 하고"
인권/권리	전문	"자유와 권리에 따르는 책임과 의무를 완수하게 하여"
	제10조	"국가는 개인이 가지는 불가침의 기본적 인권을 확인하고 이를 보장할 의무를 진다."
민주주의	전문	- "불의에 항거한 4.19 민주 이념을 계승하고, 조국의 민주 개혁과 평화적 통일의 사명에 입각하여" - "자율과 조화를 바탕으로 자유 민주적 기본 질서를 더욱 확고히 하여"
	제1조	"① 대한민국은 민주공화국이다."
평화	전문	- "조국의 민주 개혁과 평화적 통일의 사명에 입각하여" - "항구적인 세계 평화와 인류 공영에 이바지함으로써"
	제4조	"대한민국은 (……) 평화적 통일 정책을 수립하고 이를 추진한다."
	제5조	"① 대한민국은 국제 평화의 유지에 노력하고 침략적 전쟁을 부인한다."
좋은 삶	전문	"우리들과 우리들의 자손의 안전과 자유와 행복을 영원히 확보할 것을"
	제10조	"모든 국민은 (……) 행복을 추구할 권리를 가진다."
	제34조	- "① 모든 국민은 인간다운 생활을 할 권리를 가진다." - "② 국가는 사회보장·사회복지의 증진에 노력할 의무를 진다."
	제35조	"① 모든 국민은 건강하고 쾌적한 환경에서 생활할 권리를 가지며"

　　대한민국 학교의 헌법교육은 단순히 법 조항에 대한 축자적 해석이 아니라 헌법이 포태하고 있는 위의 규범 가치들에 대한 의식을 대

전제로 하여, 주권자의 시민적 행위가 위의 가치들을 창조적으로 발현할 수 있도록 하여야 한다. 그럼으로써, 시민 생활에 직접적인 효력을 발휘하는 정치, 경제, 사회, 문화 등 모든 생활 영역을 가동시키는 각종 실정법을 창제할 수 있도록 주권자의 정신 용량mental capacity을 창출하도록 하여야 한다. 주권자의 정신이 이와 같이 지극히 이성적인 규범 가치들로 단련되어 있을 때 현재 눈앞에서 목도하고 있는 반헌법적인 통치와 권력 농단은 아예 그 싹부터 트지 않을 것이다. 바로 이 점에서 우리나라 민주시민교육에서 지향해야 할 '민주 시민'이란, 헌법이 제시하는 가치 의식 안에서 개발된 각자의 능력으로 잘못된 것을 정확하게 판별하여 배척하면서, 헌법이 선언한 국가의 비전과 권력을 자기 인생의 활력과 연관시킬 수 있는 안목과 연대를 자유롭고도 창의적으로 구사하는 바로 그런 인간이 될 것이다.

2부

교육과 민주주의, 그 사이의 긴장들

'학급공동체'에 대한 동상이몽

|

조영선 중등 교사 imaginer96@hanmail.net

교사로 '행복한 밥벌이'를 하기 위해 고군분투하다가 학생인권을 만났습니다. 학생인권을 통해 '내 안의 꼰대스러움'으로부터 해방되면서 학교를 견디는 힘이 커지고 있어요. 학교에서 좌충우돌하는 것을 귀찮아하지 않는, 괜찮은 교사이기보다는 '괜춘한' 인간이고 싶습니다.

민주적인 학급공동체?

　학교에 있다 보면 매년 듣는 말이 "조영선 선생님 반 애들은 참 활발해"이다. 그러면서 "학급 분위기는 담임을 닮는다"는 말도 덧붙인다. 하지만 이런 말을 들을 때마다 여러 가지 의문이 꼬리에 꼬리를 문다. '나는 어쩌다 11년 동안 아홉 번 담임을 하며 매번 활발한 아이들을 맡을 수 있었던 것일까? 나의 손에 활발한 아이들을 뽑는 자석이라도 달려 있는 것일까? 그런데 학급 분위기가 담임에 따라 달라진다는 말은 진짜일까? 아니면 그건 담임이 학급 관리자로서 학급의 분위기까지 책임져야 한다는 말은 아닐까? 이런 상황에서 학급이 공동체라는 것은 무슨 뜻일까?'

　하긴, 학급이 공동체가 되어야 한다는 이야기를 자주 들어 보긴 했다. 신규 시절 한참 학급 운영 연수를 많이 받았을 때, 민주적인 학급공동체라든지, 교사·학생·학부모가 교육공동체의 주체로서 참여하는 학급이라든지 하는 맥락의 이야기들을 다른 교사들로부터 들었다. 그때마다 '왜 우리 반은 공동체 같지 않을까?' 고민하곤 했다.

　민주적인 학급공동체를 일군 교사들의 성공기는 주로 이러하였다. 학기 초에 두레를 구성한다. 두레는 학급에 필요한 업무별로 나누든지 학생들이 좋아하는 분야별로 나누든지 한다. 즉 학급행사기획부, 학급신문부, 총무부 식으로 업무에 따라 부서를 짜거나 게임, 만화 등 각자 좋아하는 기호대로 동아리를 만들든지 하는 것이다. 그리고 각 부서나 동아리의 장(長)들로 학급운영위원회를 구성해 교사와 수시로 학급 운영에서 미비한 점, 보완할 점을 회의하고 그것을 각 부서나 동아리로 전달한 뒤, 거기서 나눈 의견들을 다시 학급운영위원회에 피드백 하는 구조를 만들면 된다. 그러면 학급에서 일어나는 문제들을 학생들이 스스로 해결할 수 있는 역량을 갖게 된다는 것이었다.

 이러한 민주적인 학급 운영에서 중요한 포인트는 또래 집단의 권력관계를 교사가 상세하게 관찰하는 것이었다. 그렇게 해서 교사가 '정의파'인 학생들이 정의롭지 않은 학생들에게 눌리지 않고 학급의 질서를 유지할 수 있도록 알게 모르게 신경을 쓰면 소위 말하는 '일진' 학생들이 제압돼 평화로운 학급을 만들 수 있다고 했다. 나도 우리 반이 그런 민주적인 공동체가 되면 좋겠다고 생각했다. 그래서 연수를 듣고 나서 그러한 학급공동체를 만들기 위해 노력했지만 솔직히 내가 맡은 학급은 한 번도 '공동체스러운' 적이 없었다.

 학급행사기획부든 학급신문부든 학생들은 담임이 기획한 행사가 아니면 스스로 의제를 만들어 내지 못했다. 자연히 학급운영위원회는 담임이 기획한 아이템을 학생들에게 미리 한번 타진해 보는 자리가 됐다. 물론 담임 맘대로 하는 것보다는 훨씬 민주적이었다. '청소를 이렇게 했으면 좋겠다', '자리 배치를 이렇게 했으면 좋겠다'와 같이 학생들이 먼저 제안을 하는 경우도 있었지만, 그런 문제들은 대개 5월 이전에 거의 정리가 되는 터라 이후론 담임이 의제를 생산해 내지 않으면 회의가 열릴 일이 없었다. 기호가 비슷한 학생들끼리 동아리 성격의 모둠을 구성했을 때도 마찬가지였다. 모둠별 장기 자랑이나 학급 단합 대회 같은 것을 할 때는 모둠으로서 제 역할을 했지만, 그런 인위적인 행사가 없을 땐 모둠 구성원끼리 따로 일상적인 활동을 하지 않았다. 친한 친구들끼리 같은 모둠이 됐을 때는 모둠별 행사가 매끄럽게 이루어졌지만 그렇지 않을 때는 모둠별 행사에 대한 반발도 적지 않았다.

학생들 간의 싸움도 빈번했다. 중학교에서 근무했을 땐 나에게 와서 서로 다른 모둠 아이들에 대해 뒷담화를 하는 일이 잦았고, 고등학교에 있을 땐 내가 반에 있어도 여학생들이 서로 쌍욕을 하고 소리를 고래고래 지르며 싸우기도 했다. 심지어 수학여행에 갔을 땐 산책을 갔다 왔더니 한 녀석은 다른 녀석더러 왜 선생님 몰래 술을 마시느냐며 울고 있고, 술을 마신 애는 자기가 알아서 한다며 당당히 소리치고 있고, 이쪽저쪽도 아닌 애가 자기가 해결해 보겠다며 둘 사이를 왔다 갔다 중재를 하고 있었다. 화장실에 갔더니 술을 좀 많이 마신 애가 날 보고는 죄송하다며 큰 소리로 꺼이꺼이 울어 댔다.

나의 담임 경력 흑역사

나는 고민했다. '연수에서 배운 대로 한 것 같은데 왜 이러지? 역시 요즘 애들은 공동체를 몰라. 파편화되어서는 모둠 활동도 싫어하고 모두 스마트폰만 만지고 있단 말이야. 그런데 왜 우리 반엔 일진이 설치는 거야. 아니, 왜 우리 반만 오면 일진이 되는 거야. 흑.'

그런 고민을 하다가 또 다른 연수를 들었다. 그 연수의 주요 내용은 담임이 주로 잔소리하는 영역을 학생들에게 역할을 나누어 주고 그 기여도를 학급 신문과 생활기록부를 통해 공개적으로 칭찬해서 공동체에 대한 학생의 기여도를 높이라는 것이었다. 아이들이 성실히 하지 않아서 교사의 잔소리가 잦은 주번 같은 활동도 일주일에 한 번씩 학급의 친구들이 5점 만점으로 평가하게 해서 평균을 내 공지하라고 했다. 담임의 잔소리가 아니라 동료 학생들 전원이 참여한 결과로 나온 민주적인 점수가 학생의 성실도나 공동체의 청결에 기여한 정도를 가장 정확히 평가한 게 아니냐는 것이었다. 그리고 이것을 1학기 생활기록부에 적어 주면 2학기부터는 교사가 아무것도 안 해도 칠판에 윤이 난다고 했다. 휴대전화도 마찬가지였다. 휴대전화를 걸을 때 낸 학생들에 대해 '휴대 기기를 사용하는 데서 비판적인 조절 능력을 갖고 있다'고 생활기록부에 적어 주면 안 내는 학생들이 없다고 했다.

성적표가 나오면 성적이 좋은 아이가 아니라 상승한 폭이 큰 아이들을 많이 칭찬하라고도 했다. 성적이 많이 상승한 아이의 학부모에게는 카톡 등을 통해 '1등이 중요한 것이 아니라 노력을 많이 한 것이 중요하다'는 점도 강조하라고 했다. 학급 전체가 함께 칭찬 스티커를 모으는 제도를 실시해서 스티커를 다 모으면 담임이 피자를 쏘는 아이디어도 제시됐다. 비행에 힘을 쏟는 아이들에 대해선 아이들이 그 힘을 다른 데 쓰면 큰 인물이 될 수 있다며 진로 지도를 잘하면 해결이 된다는 이야기도 나왔다. 힘이 좋은 아이가 하도 폭력을 쓰길래 복싱 코치를 연결시켜 주었더니 자기 길을 찾고 비행을 그만두었다는 미담도 등장했다. 이런 식으로 아이들을 다양한 방식으로 인정해 주는 시도를 계속하라고 했다. 학부모들에게도 '이 친구는 전교 1등입니다, 교실 청소에서는요.', '이 친구가 우리 반 노래 왕입니다'라는 식으로 칭찬 메시지를 보내 주라고 했다. 이런 식으로 절대 다수의 평범한 아이들이 학급공동체에 소속감을 느끼게 하고, 이러한 방식에 따라오지 않는 학생들은 여유를 주며 개별 지도를 하라는 것이었다.

나는 귀가 솔깃하였다. 귀찮은 회의 따위는 하지 않아도 되고, 학생들의 의견을 적당히 반영하는 듯하면서 교육적으로 내가 옳다고 생각하는 바를 관철시킬 수 있을 것 같았다. 학생들도 자기가 한 행동이 학급공동체에 도움이 되었다는 것을 통해 소속감을 획득할 수 있을 듯했다.

실제로 이러한 방식들은 담임으로서 나에게 성취감을 주었다. 학교에서 담임에게 중요시되는 가치들, 즉 "저 반은 들어가면 교실이 깔끔해", "출석도 완벽하고 말이야" 이런 평가들에서 그동안 최저점을 받아 왔던 나는 연수 때 배운 방식을 택한 다음 이러한 평가에서 자유로워질 수 있었다. 학생들이 칭찬 스티커를 다 모아서 피자를 쐈을 때는 학생들도 정말 만족스러워하였다. '우리 반은 훌륭해!', '우리 담임은 센스쟁이야!' 하는 만족과 자부심의 공기가 우리 반을 채웠다. 하지만 난 찝찝함을 견딜 수 없었다. 주번 평가를 하면서 주번 활동의 질은 나아졌지만, '나는 동료 평가를 거부하면서 왜 학생들에게는 동료 평가를 시키고 있지?'라는 생각이 들었다. 학부모에게 카톡을 보내면서 한편으로는 부모들에게 학생들의 선행을 알리는 것이 뿌듯했지만, 다른 한편으로 '이건 또 하나의 감시 행위는 아닐까?'라는 생각도 들었다. 피자를 먹는 순간에도 '혹시 칭찬 스티커를 모으는 데 협력하지 않는 학생을 집단적으로 왕따시키지는 않겠지?'라는 생각이 머릿속을 빙빙 돌았다. 그해만큼 학급 운영을 하며 칭찬을 많이 받은 적이 없다. 학생들은 잡을 것은 잡고 놓을 것은 놔 주는 센스쟁이 담임이라고 했고, 학부모들은 학생들을 잘 관리하면서도 물의를 일으키지 않는 담임으로 추켜세웠다. 교장, 교감이 전체 교사 앞에서 학급 운영 연수를 하라고 한 적도 있었다. 하지만 그해를 떠나보내며 나는 소설 〈우상의 눈물〉을 떠올렸다. 우리 반에 기표가 있었다면 이렇게 말했을 것이다. "무섭다. 나는 무서워서 살 수가 없다." 나에게 그해는 담임 경력의 '흑역사'로 남아 있다.

나는 무엇이 되고 싶었던 것일까?

그해를 보내면서 나의 마음속을 곰곰이 들여다보았다. 나는 민주적인 공동체를 꿈꾸었지만, 사실은 우리 반이 나아갈 방향을 미리 마음에 정해 놓고 있었다. 학생들이 내가 속으로 정해 둔 대로 따르도록 과정을 조정할 수 있을 때는 마음이 편했고, 그러지 못할 때는 마음이 불편했다.

학생들의 요구가 학급에서 풀 수 있는 수준을 넘어서 제기될 때면 무력감에 곧잘 빠졌다. 사실 교실 안에서만 통하는 민주주의 따위가 있을 리 없다. 학급에서 아무리 민주적인 공동체를 만들겠다고 해도 학교라는 구조가 민주적이지 않다 보니 한계가 있을 수밖에 없었다. 그런데도 계속 그런 점을 고려하지 않고 나에게 불만을 말하는 학생들의 행동을 보면서 그것을 정당한 문제 제기가 아니라 나에 대한 '도전'이라고 받아들였다. '이렇게 민주적으로 하는데도 욕을 먹다니……' 하는 원망도 많이 했다.

가정 방문, 학급 행사, 모둠 단합 대회 등은 내가 누구를 위해 희생해서 한 행사는 아니었지만, 학생들이 그 수고를 인정해 주지 않고 운영하는 방식에 불만을 제기하면 그렇게 미울 수가 없었다. 그런 행사를 하다가 학생들 사이에 싸움이라도 일어나면 나의 수고는 이런 '자질 없는' 학생들에게는 아무 의미가 없는 것이라고 섣불리 판단했다. 그러면서 점점 모든 학생이 아니라 나의 헌신을 고마워하는, 나와 코드가 비슷한 학생들의 이야기에만 귀가 솔깃해져 갔다. 결국 나는 학급이 민주적이어야 한다고 생각하면서도 무엇이 정의로운 것인지 따질 때는 학급을 가장 잘 알고 있다고 생각하는 '나', 그리고 나와 코드가 비슷하고 사용하는 언어가 비슷한 학생들의 의견을 중심으로 판단을 내렸다. 파트너의 자격을 획득하지 못한 학생들의 말이나 행동은 쉽게 학급의 질서를 문란하게 만드는 것이라고 여겼다. 그때까지도 나는 공동체를 잘 이끌어 가는 교사가 되려는 생각만 했지 내가 공동체의 1/n이라는 것은 깨닫지 못했다. 나는 민주주의를 말하면서도 실은 칭찬받는 성군이 되고 싶은 '참꼰대'였던 것이다.

공동체를 둘러싼 착각들

하지만 도대체 공동체란 무엇이란 말인가? 사전에서 공동체의 정의를 찾아보았다.

공동체

1. 생활이나 행동 또는 목적 따위를 같이하는 집단
2. 공동 사회(인간에게 본래 갖추어져 있는 본질 의사에 의하여 결합된 유기적 통일체로서의 사회)

공동체는 '생활이나 행동 또는 목적 따위를 같이하는 집단'이거나 '인간에게 본래 갖추어져 있는 본질 의사에 의하여 결합된 유기적 통일체로서의 사회'이다. 후자의 정의는 가족, 촌락 등 '선택할 수 없는 요소'에 의해 구성되었지만 '사회적 동물'이라는 인간의 본능에 의해 '긍정'된 단위라는 설명이다.

학급은 생활을 같이하는 공간이지만 행동이나 목적을 같이하는 집단은 아니다. 교사와 학생은 반을 선택할 수 없다. 1학년 1반, 2반, 3반은 신정1동, 2동, 3동과 별다를 바가 없다. 그런데 학급은 마을보다 밀도가 높다. 적어도 신정1동 안에는 몇 번지 몇 호라는 나의 집이 있지만 학급에는 최소한의 나만의 공간도 확보하기 어렵다. 나의 공간은 책상과 사물함뿐이다. 하지만 이 모두 공개되어 있으며 언제 바뀔지 모른다. 이런 환경에서 수업과 그 밖의 활동들을 시간표에 따라 일사분란하게 진행해야 한다. 한 공간에서 밥을 먹고 화장실을 가고 모든 생활을 함께하는 경우 각자의 생활 습관이 그대로 드러나게 되고, 이것은 빈번한 싸움과 스트레스로 이어진다. 아무리 이해심 많고 온화한 사람도 처음 동거를 시작할 땐 생활 습관의 차이로 함께 사는 사람과 갈등을 겪는 것과 마찬가지이다. 그런데 학급은 아주 높은 밀도로 사람이 모여 있는 공간이고, 이 공간이 큰 문제없이 굴러가도록 하려면 갈등을 통제하는 기제가 필요하다. 이를 위해서 소환하는 첫 번째가 공동의 목적이다. 학교는 '공부'라는 공동의 목적으로 학생들의 모든 행동들을 통제하고 동일한 행동을 하도록 규율한다. 두 번째는 인간은 사회적 동물이기 때문에 학급을 통해 사회성을 습득해야 한다는 것이다. 학생들은 학급이라는 공동체에서 생활을 넘어서 행동이나 목적도 통일할 것을 요구받는다. 그래서 학급은 생활 or 행동 or 목적을 함께하는 집단이 아니라 생활 and 행동 and 목적을 함께하는 집단이 된다. 우연히 같은 행정 구역에 살게 된 사람들이 '모두를 위한 나, 나를 위한 모두'를 외치며 공동체를 일구기 위해 애쓰게 된다.

학급은 사실 중앙집권적 관료적 통제의 제일 말단의 단위이다. 여기서 공동체는 잘못하면 관료적 통제라는 목적을 감춘 채, 통제의 목적을 저항 없이 관철시키는 역할을 하게 된다. 그래서 중요한 것이 우리가 일구려는 공동체가 무엇을 목적으로 하는가이다. 학교에서 요구하는 올바른 학급의 모습을 구현하는 것을 목표로 하는가? 아니면 학급 구성원들이 공동의 목적을 스스로 발견하게끔 하는 것을 목표로 하는가? 우리가 아는 많은 공동체들은 아이러니하게도 이런 관료적 통제를 거부하기 위해 만들어졌다. 교육에 대한 관료적 통제를 거부하면서 만들어진 전교조도 그러하고, 철거 투쟁을 함께하며 만들어진 지역운동도 그러하다. 다른 동네가 부러워하는 성미산마을도 성미산 지키기 운동을 함께하면서 성산동이 아니라 성미산마을이라는 공동체성을 갖게 되었다.

따라서 진정 학급에서 공동체가 생겨나길 원한다면 적어도 우리에게 공동의 목적이라는 게 무엇인지, 그것이 우리가 정말 공동으로 바라는 지향인지, 아니면 공동의 적에 대한 저항인지, 이러한 것들을 스스로 발견해 보는 시간이 필요하다. 그리고 이러한 고민이 가능하려면 적어도 공동체를 생각하기 전에 내가 삶에 대해 어떤 지향을 갖고 살아야 할지, 내가 동의하는 것은 무엇이고, 거부해야 한다고 생각하는 것은 무엇인지에 대해 생각할 시간과 공간이 필요하다. 사실 서로 기호도 다르고 생활 습관도 다르고 생각하는 방식도 달라서 우리가 초기에 서로 합의할 수 있는 수준은 매우 낮다. 그런데 우리는 마치 학급이 공동체가 되기 위해 준비된 주체들의 모임인 것처럼 착각한다. 몇 년 동안 다르게 양육되어 온 사람들이 몇 개월 동안 학급 행사나 공동체 활동을 하면 마치 공동체가 되는 것처럼 생각하는 데서 오히려 구성원들의 공동체에 대한 불만이 높아진다. 이런 점에서 공동체를 일구는 데 우선 필요한 것은 인권을 통한 개인의 발견과 그 개인들이 자신이 발견한 문제를 공론화하는 민주주의가 아닐까? 이렇게 볼 때 사실 학급의 기한이 1년인 것은 한 공동체의 완성을 보기에는 너무나 짧은 시간이다.

'교육은 서로 섞이는 것이다'라는 말은 우리가 선택해서 만난 사람들이 아니란 사실이 오히려 교육의 가능성을 더 풍부하게 하며, 우리 의지와 상관없이 컴퓨터로 배정된 사람들이 서로 '만남'을 일궈가는 데서 교육이 일어난다는 의미일 것이다. 그렇다면 더더욱 공동체의 '~을 위해'가 아니라 구성원 한 사람 한 사람의 온전한 삶 자체가 공동체의 목적이 되어야 하지 않을까?

흑역사 그 이후

흑역사 그 이후 내가 마음에 각인시키려 한 것은 선정을 베푸는 온화한 임금의 얼굴을 벗고 나도 공동체의 1/n이 되자는 것이었다. 일단은 관료적인 통제 방식의 권력을 쓰지 않기로 했다. 상벌점을 매기거나 생활기록부에 기재하거나 칭찬 스티커를 주는 식으로 나의 '교육적' 목적을 학생들에게 관철하고 싶은 유혹과 싸우는 데 많은 시간을 들였다. 물론 이미 조·종례 시간과 수업 등을 통해 교사로서 권력을 가지고 있는 나는 아무리 몸부림쳐도 권력자일 수밖에 없었다. 그래도 내 지식이나 지위를 권력으로 활용하는 것을 꼰대 짓의 중요한 지표로 삼고 경계하면서 공동체의 1/n이 되기 위해 노력했다. 교탁 위에서 홀로 군림하는 것이 아니라 "선생인 나도 안 그러는데 너는 친구라면서 왜 그러니?"를 묻고, 그것이 핑계로 들릴지언정 자기 행동의 이유를 설명하게 하면서 다른 사람은 속여도 스스로를 속이지 않도록 하는 데 많은 애를 썼다. 그것이 스스로 자기 행동의 합리성을 구축하는 데 바탕이 될 것이라 생각했고, 정말 거짓말을 하면 안 되는 순간에 자신을 구원할 것이라 믿었기 때문이다. 그리고 학교 질서에 순종적인 학생들만 정의파라고 생각하지 않도록 긴장했다. 사실 그런 범생이 그룹이 나와 언어 체계가 비슷하기 때문에 나는 그 그룹의 이야기를 판단의 근거로 삼기 쉬웠다. 그래서 잘 알아들을 수 없고 나에게 불편한 느낌을 주는 말에 대해 그 학생이 진짜 전달하고자 하는 바가 무엇인지 알아내고자 애썼다. 이를 위해 일종의 비공개 쪽지 회의 같은 것도 했다. 민주주의의 핵심은 대화와 타협이 아니라 '공론화'이고, 선뜻 공론화의 주체로 나서기 어려울 때 스스로를 가릴 수 있도록 학생들에게 함께 얘기해 보고 싶은 것을 쪽지에 적게 하고 논의했다. 마치 '고민 자랑 대회' 프로그램인 〈대국민 토크쇼 안녕하세요〉처럼 학생들 사이에서 그건 고민이 아니라는 판단이 나오기도 했고, 그건 고민이라면서 해결책들이 제시되기도 했다. 이렇게 하다 보니 문제를 공론화하는 학급 문화도 생겼고, 때로는 그렇게 고민을 들추는 것이 새로운 갈등의 원인이 되기도 했다. 그러나 갈등을 감당하는 것도 나와 학생들의 과제이기에 어떻게 잘 감당할지를 함께 논의하였다. 예컨대, 싸움의 룰(발언 횟수와 순서를 지킨다, 어떤 마음이었는지 설명한다, 가족이나 약점 등 관계없는 것을 들먹이지 않는다 등)을 합의해서 정하고 그것을 지킨다는 원칙하에 입회하여 비공개로 이야기를 주고받기도 했다. 그때마다 나는 학생들에게 여러분은 한 명 한 명이 그 자체로 하나의 우주이며 여러분이 가진 고민은 모두에게 영향을 미칠 것이라는 점을 이야기하였다.

실제로 우리 반은 전혀 '공동체스럽지' 않았다. 늘 시끄러웠고, 각자 의견이 너무 강해서 반 티 디자인이나 함께 볼 영화를 정하지 못하는 경우도 있었다. 그러다 결국 반 티는 누가 입어도 무난한 디자인으로 정해졌고, 무슨 영화를 볼지를 어이없게 담임이 정하도록 해서 보고 싶었던 다큐멘터리를 보는 어부지리(?)를 얻기도 했다. 앞에 말했던 수학여행에서와 같은 소동이 벌어졌을 때는 싸우던 애들은 계속 싸우도록 하고 나는 같이 산책을 나갔던 학생들과 준비한 성교육을 재밌게 하였다. 소동은 싸우던 학생들이 급 돌아와 자기들에게도 성교육을 리바이벌해 달라고 조르는 것으로 어이없게 마무리되었다.

단합하자는 것이 단합하지 못하는 사람을 배타적으로 대하는 것을 당연하게 여기도록 하는 근거가 될까 봐 학생들이 스스로 관계를 맺고 싶다는 욕구를 느낄 여지를 주는 데 공을 들였다. 다 함께 참여하는 행사는 정규 교육과정 내에 끝냈고, 그렇지 않은 활동은 학생들을 최대한 초대는 하되 강요하지 않았다. 참여한 사람이 적으면 적은 대로 한 사람 한 사람을 기쁜 마음으로 환대하며 즐거운 시간을 보냈다. 관계 안에서의 화합도 중요하지만 관계의 압력과 밀도를 스스로 조절할 수 있도록 해야 폭력적인 관계를 맺지 않을 수 있다고 생각했기 때문이다. 제각기 다른 삶의 방식으로 살아가는 사람들이 '서로의 존재를 인정하는 자유'가 '사이좋게' 지내지 않아도 안심하며 살 수 있는 구조를 만들 것이라고 보았다.

나에게 공동체란

공동체는 정말 좋은 말이다. 하지만 우리가 워낙 전체주의적인 사회에서 살아서인지 공동체란 말에서 온기를 느끼기 전에 의심이 먼저 든다. 학생들을 개인주의적이고 이기적이라고 비판하는 말들에 우리가 언제 제대로 된 개인주의를 실현해 본 적이 있었나 하는 반문이 생기기도 한다. 개개인의 존재를 제대로 인정하지 않는 공동체주의가 소수자나 소수 의견을 배척하는 논리로 쓰여 왔다는 생각이 앞서는 것이다. 그래서 요즘에 내가 관심을 갖고 노력하는 부분은 공동체의 대표로서 내 모습이 아니다. 공동체 안의 소수자의 목소리와 소수 의견이 공론화될 수 있도록 힘을 실어 주는 것, 그리고 문제를 공적으로 해결하기 위해 진짜 공동체를 만드는 것, 그래서 문제를 공동으로, 민주적으로 해결하는 것이 무엇인지 발견하는 것이다. 어찌 보면 교사는 학생들이 인생에서 만나는 수많은 사람 중 한 명일 뿐이고, 학생들에게는 좋은 동지이자 친구를 만나는 것이 더 중요할 테니까 말이다. 학급공동체 역시 우선은 그 속에서 충분히 개인의 존엄을 발견할 수 있을 때 우리가 정말 만나야 할 공동의 목적도 발견할 수 있지 않을까?

학교는 모든 문제를
꼭 해결해야 하는가

—

이정희 중등 교사 bluejh04@hanmail.net

학교를 잠시 떠나 교육인류학 공부를 하고 있습니다. 더 잘 살기 위해 문제를 끌어안는 힘을 기르겠다는 생각으로, 카르페디엠!

16년 동안 4개 학교에서 교사로 있었다. 2006년, 두 번째로 근무하던 곳은 교실 바닥이 복도처럼 돌로 마감된 고등학교였다. 교실엔 늘 냉기가 돌았고, 누구를 만나도 돌벽에 마주친 듯한 냉소와 서늘함이 느껴졌다. 늘상 침과 껌으로 범벅이 된 교실 바닥은 종종 세제 가루를 뿌려서 수세미로 박박 닦아 내는 물청소를 해야 했다. 쭈그리고 앉아 교실 바닥을 수세미로 닦다 보면 저절로 욕이 나왔다. 더 큰 문제는 그 넓은 교실 바닥에 뿌려진 세제 거품을 헹구어 제거하는 일이었다. 일단 힘센 남학생 두 명이 화장실에서 깨끗한 물을 물통에 담아 들고 와서 교실 바닥에 뿌린다. 수세미를 내던지고 대걸레와 쓰레받기로 무장한 채 달라붙어 더러운 물을 닦아 내고 물통에 모은다. 이제 더러운 물을 화장실에 버리고 깨끗한 물을 다시 담아 와 뿌리는 팔 빠지는 노동이 무한 반복된다. 대충 하고 가자는 아이들의 원성이 하늘을 찌르고, 몇 놈은 슬그머니 사라진다. 한 시간이 넘게 미친 듯이 청소를 해도 교실 바닥은 며칠 지나면 다시 더러워질 것이다. 우리는 모두 그 사실을 알고 있었다.

　어느 날 한 녀석이 우연히 화장실 청소 도구함에서 고무호스를 발견했다. 우리 교실은 화장실에서 멀지 않았다. 수도꼭지에 연결한 호스에서 맑은 물이 교실 바닥으로 흘러나오자 아이들은 감탄을 했고 호스를 발견한 녀석은 흐뭇한 표정을 지었다. 손쉽게 청소를 끝낼 무렵 그 녀석에게 수도꼭지를 잠그라고 시켰다. 남아 있는 물기만 걸레로 닦아 내면 오늘은 일찍 끝나는 것이다. 그런데 웬일인지 물기는 닦아도 닦아도 사라지지 않았다.

"호스를 대서 물을 너무 많이 뿌렸나? 에이, 물을 빨리 잠글걸. 더 힘들어졌잖아."

아이들은 투덜거리면서도 집에 일찍 가 보겠다고 더 열심히 물을 닦았다. 하지만 어느 사이엔가 다시 물이 고였다.

"이거 뭐지? 수도꼭지 안 잠근 거 아냐? 야! 너 수도꼭지 똑바로 잠갔어?" 소리를 지르며 찾았지만 녀석은 교실에 없었다. 호스는 복도 중간에 널브러져 있었고, 가느다란 물줄기가 경사를 따라 졸졸 우리 교실로 계속 들어오고 있었다. 그 학교는 쓰레기를 버리라고 시킬 때 교사가 학생의 가방을 들고 있어야 하는 곳이었다. 가방을 사수하지 않으면 99%가 쓰레기통을 운동장 중간에 버려두고 도망갔다. 녀석은 수도꼭지를 잠그라는 명을 받자마자 가방을 챙겨 수도꼭지는 잠그는 둥 마는 둥 하고 튄 것이다. 사라진 녀석 대신 수도꼭지를 꽉 잠그고 호스를 정리하면서 나는 학교가 이런 상황에 처한 것이라고 생각했다. 어디선가 물이 계속 새어 나오는데 그걸 모르고 죽자 사자 걸레질만 하는 상황. 2006년 그때, 나는 수도꼭지를 잠그는 사람이 되어야겠다고 생각했다. 미련하게 물만 치우지 말고 수도꼭지를 잠가야 한다고.

학교폭력 - 학교가 휘두르는 거대한 폭력

사방이 돌로 막힌 듯했던 그 학교는 전교 35등까지 모아서 특별반을 만들고도 아무렇지 않았다. 영악한 아이들은 돈은 낼 테니까 보충 수업에 빠진다고 야단치지 말라는 말을 태연하게 했다. 방학 중에 하는 보충 수업은 1교시에 교사만 있는 경우가 태반이었다. 평소에도 3교시가 지나야 대충 자리가 채워지는데 그나마 엎드려 자던 녀석들이 점심만 먹으면 사라지는 학교였다. 그래도 꾸역꾸역 보충 수업비를 걷었다. 기초생활수급자는 무조건 보충 수업을 신청한 걸로 출석부를 만들었다. 그래야 교육청의 지원을 받아 모자라는 수업료를 채울 수 있었다. 1/2+1/3을 2/5라고 계산하는 아이들을 데리고 날마다 반별로 인원수를 보고해 가며 야간 자율 학습을 했다. 담임 교사들은 미칠 지경이었다. 여교사들도 교무실 앞 복도에 지각한 녀석들을 엎어 놓고 몽둥이를 '풀스윙'으로 휘둘렀다. 만만하게 보이는 순간 모든 것이 끝장이었다.

학교가 휘두르는 폭력에 아이들도 폭력으로 맞대응했다. 3월 첫 생일을 맞은 남학생에게 생일 축하 카드를 주었더니 "샘 때문에 생일빵 맞다가 죽을 것 같아서 조퇴한다"는 문자를 남기고 사라졌다. 화장실은 쉬는 시간마다 담배 연기로 가득 찼지만 손쓸 방법조차 없었다. 각종 도난 사고와 폭력이 끊이지 않았고, 교사와 학생이 수업 시간에 멱살을 잡고 싸워 경찰이 출동하기도 했다. 학생인권이란 단어는 2006년 그해에 전혀 중요하지 않았다. 의무교육이 아닌 고등학교에서는 학생이 문제를 일으키면 징계를 주었고, 그래도 안 되면 자퇴를 시켰다. 그렇게 한 해 40명 정도가 학교를 떠났다. 37명씩 12반이었던 1학년은 3학년이 되면 25명씩 10반으로 줄었다. 학생이 줄어드는 만큼 문제도 줄었다. 그러나 그건 학교가 껴안았어야 할 문제를 가정과 지역 사회로 내던진 것뿐이었다. 학교가 생기던 해에는 야구

방망이로 온 건물의 유리창을 깨고 자퇴한 놈도 있었다는 전설의 그 고등학교는 2010년 '자율형 공립고등학교'로 지정받아 정원을 대폭 줄이고 내신 성적이 좋은 학생들을 받기 시작하면서 소위 '좋은' 학교가 되었다. 그 바람에 입학할 곳을 찾지 못한 학생들은 2010년 신설된 고등학교로 몰렸고, 폭력은 장소만 옮겼을 뿐 계속되었다.

나는 늘 수도꼭지를 잠그기 위해 고군분투하는 쪽이었다. 2006년에도 그러했다. 희망하는 학생만 보충 수업과 야간 자율 학습을 하자고 건의했더니, 겨우 한 달 있어 보고 이 학교 실정을 뭘 알아서 나서냐는 답변이 돌아왔다. 우리 애들은 이렇게라도 학교에서 데리고 있어야지 안 그러면 나가서 사고 친다고, 이제 갓 대학을 졸업하고 들어온 신규 교사를 가르치듯 교감 선생님이 친절하게 설명해 주었다. 2006년 나의 모든 노력은 실패로 끝났다. 매를 들고 다니지 않는 '천사'(라고 말하며 '무능한'이라고 해석하는) 선생님이라고 소문이 나면서부터였던 것 같다. 교사에게 가장 우호적이고 그나마 책이라도 읽는 반(유일하게 우리 반에 학급 문고가 있었다)이라는 긍정적인 평가에도 불구하고, 우리 반은 전혀 관리가 되지 않는 반으로 낙인찍혔다. "무엇을 어떻게 해도 받아들여지지 않았다"는 그 당시 대통령의 한 맺힌 호소가 딱 내 심정과 같았다.

어느 순간 나는 의심하기 시작했다. 나는 모든 문제를 수도꼭지 잠그듯이 해결할 수 있는 간단한 것으로 착각하는 건 아닐까? 정말 수도꼭지를 잠글 수는 있나? 현실은 아주 복잡해서 엉뚱한 수도꼭지를 잠그거나, 잘 잠갔다고 생각했는데 다시 터지거나, 혹은 내 힘으로 잠글 수 없는 경우가 대부분이지 않은가. 아무리 어렵고 힘든 과정을 거쳐도 수도꼭지를 잠그기만 하면 과연 문제는 사라지는 것인가? 그래서 어떤 고난을 겪더라도 문제는 반드시 해결해야만 하는 것일까? 나는 1년 만에 부적응 내신을 썼다. 이 거대한 폭력의 소용돌이 속에서 일단 살아야 했다.

학교폭력 - 학생들 간의 폭력 행위

부적응 내신을 쓰고 옮긴 세 번째 학교에서 6년 동안 근무하면서 나는 비교적 행복했다. 입시와 수능의 부담이 적은 중학교인지라 학교 구성원에게 학교가 휘두르는 폭력의 강도는 이전 학교와는 비교할 수 없이 약했다. 문제는, 행복한데 미안하다는 것이었다. 누군가에게 끊임없이 미안했다. 나는 행위를 하지 않음에 대한 죄책감을 가지고 있었다. 폭력의 강도가 약하다 해도 여전히 학교는 폭력적인데, 나는 그 문제를 해결하지 못하고 있었다. 일제 고사를 보던 날 병가를 내면서, 1인시위를 하지 않는 내가 미안했다. 학생자치법정을 운영해 보라는 교감 선생님께 학생의회부터 만드는 게 맞다고 따지지 못하고 우리 학교 실정에는 맞지 않는 것 같다고 돌려 말한 것도 부끄러웠다. 혹시라도 사고가 생기면 교감 연수를 받고 발령만 기다리는 학생부장님께 어려움이 생길까 봐 학생인권과 관련된 문제들을 적극적으로 추진하지 못하는 것에도 죄책감이 들었다. 그렇다고 내가 아무것도 안 한 것은 아니었다. 7교시에 모든 학생들을 남겨서 영어 단어를 외우거나 진로 포트폴리오를 작성하게 하는 강제적인 방과 후를 "나는 우리 반 애들 집에 보내겠다. 그리고 언론에 흘리든, 교육청에 문의하든 뭐든 하겠다"는 협박으로 무산시켰다. 담임 학급 아이들과 행복하게 지냈고, 수업에 집중할 수 있어서 교사로서 행복했다. 그러니 나의 미안함은 내가 더, 많, 이, 행위를 하지 않음에 대한 죄책감이었다. 솔직히 말하면 지금의 내 행복과, 내가 더 많은 행위를 할 때 끌어안아야 하는 피곤함을 끊임없이 저울질하고 있다는 사실에 대한 미안함이었다. 나는 수도꼭지를 잠그는 사람이 되어야겠다는 생각과, 행위를 함으로써 세상을 바꾸겠다는 생각을 버리고 무위無爲로 돌아서는 과정에서 끊임없이 흔들리고 있었다. 나는 행복했지만 늘 미안했다.

 2006년의 고등학교와는 비교할 수도 없지만, 학생들 간의 폭력 행위도 적지 않았다. 학교 자체가 폭력적인데 그 안에서 살아가는 구성원들 사이에 폭력이 일어나지 않길 바라는 건 사실 말이 안 되는 일이다. 산술적으로 그 학교에 근무했던 6년 동안 내가 학교폭력 담당자였던 2012년에 학교폭력은 가장 적게 발생했다. 하지만 실질적으로 학교폭력은 늘상 있었다.

 2012년 4월이었다. 그해 첫 학교폭력 사안이 발생했다. 3학년 여학생 6명이 2학년 여학생 6명을 빌라 지하로 데리고 가서 가슴을 40~50차례 가격한 사건이었다. 물론 이유가 있다. 2학년 여학생과 친한 오빠가 3학년 여학생 휴대전화로 계속 전화를 해서 "동생들 괴롭히지 말고 니들이나 똑바로 하라"고 했단다. 그런 일을 당해도 가만히 있으니까 2학년들이 자꾸 무시하는 것 같아서 혼내 주었단다. 3학년 담임 교사와 학생부 교사들은 대부분 이런 사건이 벌어질 걸 예상하고 있었다. 운이 좋으면 피해 가겠지만, 경험상 그럴 가능성은 극히 적었다. 이른바 일진으로 분류된 3학년 여학생 6명은 이미 반 편성 때 각 반에 1명씩 골고루 흩어 놓은 상태였다. 남학생들도 마찬가지였다. 하지만 남학생이든 여학생이든 봄이 가기 전에 사건은 벌어질 것이고, 학교는 이들을 이미 관리 대상으로 삼았던 것이다.

사안의 발생을 예측하고 있었다면 학교폭력을 적극적으로 예방할 수 있어야 하지 않느냐고? 우리도 그러고 싶었다. 담임들은 3월 초에 학생부장의 브리핑과 대처 방안에 대한 연수를 받았고, 나름대로 열심히 학생들과 상담을 했다. 하루에 4시간씩 수업을 하고 쉬는 시간에 자리에 오면 처리해 주어야 할 일들이 메신저로 20개씩 들이닥치는 3월이었다. 다시는 학교폭력 사건이 벌어지지 않도록 조심하자고, 나는 너를 믿는다고, 학생들에게 격려하고 약속했다. 학교폭력의 심각성과 생활기록부 기재의 의미를 주기적으로 상기시켰고, 전문 상담 교사가 학생들과 돌아가며 상담을 했다. 담임 교사들은 문제 발생 우려가 있는 학생들이 귀가를 늦게 하지 않도록 학부모와 상담하고 문자를 주고받았다. 솔직히 나는 우리가 무엇인가 더 해야 했다고 생각하지 않는다. 우리는 교사로서 할 수 있는 최선을 다했다.

이들의 관계는 이미 초등학교 5~6학년 무렵부터 짜여 있었다. 3학년은 2학년 때 위 학년에게 맞거나 금품을 빼앗기는 등의 폭력을 당했던 피해자였다. 그런데 이제 최고 학년이 되었는데도 그때 3학년 언니들이 바로 옆에 있는 고등학교에 무리 지어 진학하는 바람에 운동장에 나와서 놀면 휴대전화로 "까불지 말고 들어가라"는 협박을 받는 처지였다. 더구나 2학년 여학생들 중에는 친언니가 고1 멤버로 있거나 고등학생인 친오빠가 이른바 일진인 학생들이 있어서 3학년이 괴롭히면 바로 친언니나 친오빠에게 이르면 되는 구조였다. 교사들이 보기에도 3학년 여학생들은 학교에서 담배도 피우지 않았고, 공부하고자 하는 열의마저 있었던 역대 최고의 사랑스러운 '일진'이었다. 심지어 자기들이 당한 것을 보복하지 말고 여기서 끊어 보자는 의지도 보여 주었다. 하지만 최선을 다한 예방은 효과가 없었고 결국 사건은 터졌다.

목요일 저녁에 사건이 발생했고, 금요일에 학부모 신고로 학생부에서 관련 학생들의 진술을 받았다. 보복을 두려워한 2학년이 사건을 축소시켜 진술하는 바람에 학생부에서는 혼선이 빚어졌다. 중간고사가 다가오고 있었고 주말이었다. 학교가 쉬는 주말에 3학년 학부모들과 만났지만 합의점을 찾지 못한 2학년 학부모들은 분노해서 일요일 저녁에 경찰서에 고발을 넣었다. 그리고 월요일부터 피해자 6명은 학교에 나오지 않았다. 이렇게 되면 사건은 학교폭력 관련 매뉴얼대로 그저 처리 과정을 거치게 된다. 바로 학교폭력대책자치위원회가 열렸다. 위원 9명, 관련 교사 12명, 관련 학생 12명, 학부모 10명이 모였다. 분노한 학부모들은 죽여 버리겠다는 말도 서슴지 않았다. 자칫 잘못하면 그야말로 아수라장이 될 수 있는 상황이었다. 4시 30분에 시작한 위원회는 9시가 넘어서 끝이 났다. 출석 정지 10일, 서면 사과, 출석 정지 기간 중 특별 교육 이수 5일의 처분이 내려졌다. 2학년 학부모들은 출석 정지가 풀린 후에 혹시라도 있을지 모르는 보복 행위로부터 학교가 어떻게 아이들을 보호해 줄 것인지 대책을 요구했다. 학교가 아이들을 보호해 줄 수 없다면 가해자들을 전학 보내 달라고 요구했다. 문제를 일으켜도 전학을 보내지 않으니까 자꾸 이런 문제가 생기는 거라고 따졌다. 학생부장은 이런 징계를 받고도 보복 행위가 발생하는 경우는 없다고, 전학을 보내면 오히려 더 보복 행위가 발생할 수 있다고, 믿어 보시라고 학부모들을 설득했다. 학생부장은 전학을 보내는 건 문제를 다른 학교에 떠넘기는 것에 불과하다는 소신을 가진 사람이었다.

학교 내에서 아예 접근도 하지 못하게 해 달라는 학부모들의 요구에, 우리는 3학년에게 2학년에게는 말도 하지 말고 전화도 하지 말고 쳐다보지도 말라고 했다. 2학기가 되자 3학년 여학생들은 2학년들이 자기들을 비웃고 '뒷담'을 깐다고 수시로 하소연을 하러 왔다. 결국 중재에 지친 3학년 부장이 위험을 무릅쓰고 아이들을 모아 집단 상담을 진행했다. 상담이 제대로 진행되지 않으면 긁어서 부스럼을 만드는 격이 될 터였다. 그러나 다행히도 2학년과 3학년 여학생들은 상대방에게 쌓인 오해와 억울함을 하소연하다가 서로 껴안고 엉엉 울었다. 그 후로 더 이상의 사건은 없었고, 3학년 아이들은 모두 고등학교에 진학했다.

나는 학생들 간에 있었던 폭력 행위보다 더 큰 폭력은 학교폭력대책자치위원회의 결정 사항이 가해자의 생활기록부에 기재된 것이라고 생각한다. 그러나 학교폭력 담당자였던 나는 교육청에서 생활기록부 기록 지침이 내려오면 교사들에게 교육청의 지침을 전달할 수밖에 없었다. 개인적으로 "어떻게 하냐"고 묻는 3학년 담임 교사들에게는 "나는 기록하지 않을 것이고, 각자 현명하게 판단하시라"고 말했다. 하지만 2월에 있었던 전출 교사 송별회 날, 결국 교무부장이 모두 입력했다는 소식을 들었다. 내가 할 수 있는 일은 없었다. 교무부장에게 잘못이 있는 것도 아니었고, 내가 연좌 농성을 할 수 있는 것도 아니었다. 나는 또 부끄럽고 미안해져서 술만 많이 마셨다. 하지만 그날 나는 소위 '좋은' 학교로 발령을 받아서 행복했다.

'좋은' 학교는 문제가 없나

새로 옮긴 네 번째 학교는 바닥에 침도 없고 껌도 없었다. 수업 시간에 자는 아이들도 거의 없고 화장실에서 담배 냄새도 전혀 나지 않았다. 수업 종이 울리고 교실에 들어가면 거의 모든 아이들이 책을 펴고 책상에 앉아 있었다. 그 학교는 담배로 걸리면 무조건 선도위원회가 열렸다. 전에 있었던 학교에서 그렇게 했다가는 매일 대여섯 번씩 선도위원회를 열어야 할 테니 아마도 학생인권부의 모든 업무가 마비되었을 것이다. 2006년의 고등학교는 아예 담배 피우는 걸 모른 척했다. 소위 '요선도 학생'들도 한 학년 전체를 통틀어야 10명이 안 됐다. 한 반에 1명꼴이다. 전 학교에서는 기본적으로 한 반에 이른바 '일진'과 '2진'이 각각 남녀 1명씩, 이도저도 아니지만 말썽을 피우는 놈들이 2~3명씩, 족히 7명은 끌어안고 1년을 버텨야 했다. 그걸 생각하면 이 학교는 천국이다. 그래서 학교폭력이 없냐 하면 절대 그렇지 않다는 것이 이 글을 쓰는 이유이다. 다시 말하지만, 학교 자체가 폭력적인데 그 속에서 살아가는 구성원들이 폭력을 행사하지 않기를 바라는 건 말이 안 된다.

매일 학교에 들어서면서 마주치는 교문 앞의 큰 표지석에는 '열심히 배우고 익혀서 필요한 사람이 되자'고 새겨져 있다. 필요한 사람이라니, 이건 필요 없는 사람이 있다는 전제하에서만 말이 된다. 누군가 필요한 사람이 되면 누군가는 필요 없는 사람이 된다. 그리고 그 경계는 놀랍게도 열심히 배운 사람이란다. 열심히 배우고 익히지 않으면 필요 없는 사람으로 남게 된다는 폭력적인 문장을 아이들과 나는 날마다 등굣길에 봐야만 한다. 국가는 온라인 학교폭력 실태 조사를 전국적으로 시행한다. 문항 자체가 폭력적인 요소를 담고 있는 실태 조사의 학생 참여율은 실시간으로 교육청으로부터 교장, 교감에게 전달된다. 무려 100%의 참여율을 보인 학교도 있다. 그건 폭력을 동원하지 않고는 자발적으로 가능한 일이 아니다. 심지어 학교 행복지수 조사도 있다. 이런 각종 조사 때문에 학교별, 학급별 참여도를 올리라는 메신저가 빗발친다. 학교 행복지수 조사 때문에 교사들은 한동안 행복하지 못했다. 내가 보기에 진짜 문제는 날마다 일상적으로 은밀하게 부딪히는 학교 제도 자체의 이러한 폭력성이다.

사실 학교에서는 매일 문제가 일어난다. 학교가 이 문제를 해결할 능력이 있느냐고? 내가 보기에 삶은 원래 문제 그 자체이다. 나 자신부터 문제투성이다. 나이가 들면서 피부 탄력이 떨어지는 것도 문제고, 게으른 성격도 문제고, 순발력이 없는 것도 문제다. 문제라고 생각하면 모든 것이 하나같이 다 문제다. 나는 아마도 나의 이 문제들을 거의 해결하지 못할 것이다. 그래서 나는 내 문제를 문제라고 생각하지 않는다. 학교에서 매일 일어나는 문제들도 거의 해결 불가능에 가깝다. 그런데 사람들은 학교의 모든 문제를(특히 학교폭력을) 꼭 해결해야 하고 해결할 수 있다고 믿는다. 마치 시험 문제의 정답을 찾듯이, 수학 문제를 풀듯이, 과학 실험에서 뚜렷한 결과를 내듯이 말이다. 그러니 학교는 해결할 수 없는 문제들을 신속하게 처리해서 "우리는 문제가 없다"는 것을 보여 주어야 한다. 더 무서운 것은 그 신속한 처리 과정 자체가 매우 폭력적이라는 것이다. 가끔 나는 학교가 범죄율 제로를 꿈꾸는 무서운 사회라고 여겨질 때가 있다. 모든 구성원을 예비 범죄자로 만들어 사생활을 일일이 감시하는 사회. 완벽하게 깨끗한 거리를 만들기 위해 노점상들을 쓸어 버렸던 88올림픽 무렵의 그런 폭력적인 사회. 완벽한 교육을 통해 완벽하게 쓸모 있는 민주 시민을 길러 내려는 사회. 그래서 학교 안에서 일어나는 모든 자연스러운 문제조차도 끌어안고 살아 내는 것이 아니라 처리해서 지워 버리려는 게 아닌가 싶어진다.

영화에서는 문제가 생기면 어디선가 누군가가 짜잔 하고 나타나 해결한다. 지구의 자전도 막아 낼 수 있는 슈퍼맨이든, 우리의 짱가든, 슈퍼 히어로가 몽땅 등장하는 어벤져스든 하여간 누군가 반드시 나타나 문제를 해결해 준다. 언제부터인가 아이들은 담임 교사만 바라본다. 정말 사소한 일까지 들고 와서 학교폭력 아니냐고, 성희롱 아니냐고, 해결해 달라고 조른다. 정말 사소한 일이다 싶으면 "하지 말라고 얘기해 봐. 기분 나쁘면 정당하게 가서 따져 보면 어때?"라고 말해 준다. 그러면 아이들은 억울해한다. "해 봤는데 안 돼요. 원래 걔는 옛날부터 그랬어요. 말로 해서 안 돼요." 그러니 아이들은 카리스마 있고 신경을 많이 써 주는 담임을 원한다. 학부모들도 아이의 1년은 담임 교사에게 달렸다고 믿는다. 교사들도 스스로 학교의 문제를 해결하려 하지 않는다. 어차피 모든 것은 관리자의 마음에 달렸다. 해 봐야 안 된다는 자괴감에 빠지는 것이다.

영웅처럼 문제를 해결해 줄 좋은 담임, 좋은 관리자가 있으면 살기는 조금 편할 수 있겠다. 좋은 교사를 만나면 브이 라인의 사복 면티를 입었다고 해서 "너 게이냐?"라고 혼나지는 않을 것이다. 좋은 관리자를 만나면 공문 끝에 마침표를 찍지 않았다고 "이건 기본인데 이런 것도 못 해? 선생님 경력이 몇 년이야?"라는 반말 투의 '지적질'을 당하지는 않을 것이다. 마치 좋은 대통령을 뽑아 놓으면 역사가 거꾸로 흐르는 것 같은 자괴감을 날마다 느끼지 않아도 되는 것처럼 말이다. 하지만 어차피 세상은 한꺼번에 달라지지 않을 것이다. 영웅이든 메시아든 세상의 모든 문제를 해결할 수는 없을 테니 말이다.

문제를 끌어안고 살아가는 힘을 꿈꾸다

학교폭력을 근절하기 위해 정부와 교육부는 매번 특별 대책을 쏟아 놓곤 한다. 하지만 학교가 지닌 문제는 여전하고, 학교폭력도 해결된 것 같지 않다. 오히려 학교 현장에서는 '인권'과 '폭력'에 극심한 피로감을 느끼는 교사들이 많아졌다. 일상의 인권과 폭력의 문제를 담론과 법규와 교육의 문제로 확대하는 동안, 이상과 현실의 괴리감이 깊어지고 그 속에서 피로감만 커진 게 아닌가 하는 생각이 든다.

세 번째 학교에서 내가 행복할 수 있었던 것은 문제가 없었거나 다른 해보다 문제가 적어서가 아니었다. 학생인권을 주제로 경기도교육청에서 선발된 '교사 연구년'을 통해 1년 동안 자기 교육의 시간을 보냈고, 인권교육연구회에서 같은 고민을 하는 동료 교사들로부터 연대의 힘을 얻었기 때문이었다. 결국 필요한 것은 내가 살고 있는 지금 여기에서 날마다 반복적으로 발생하는 문제들을 인정하고 소박하게 대처하며 살아갈 수 있는 역량을 기르는 것이다. 날마다 벌어지는 문제에 스트레스를 받지 않고 웃으며 대처할 수 있는 힘과 지혜 말이다. 어떤 문제를 해결한 방법은 오직 그 순간, 그 상황에서만 쓸모가 있을 뿐이다. 아무리 좋은 해결책도 다른 모든 경우에 적용할 수 있는 절대적인 정책이나 법칙이 되기는 어렵다. 현실은 너무 복잡하고 인간은 기계가 아니기 때문에 매뉴얼이나 프로그램도 그다지 큰 소용은 없어 보인다. 그래서 문제를 있는 그대로 바라보고 이해하는 것이 중요하다. 나는 어떤 조직이나 이념도 내가 살고 있는 지금 이곳의 문제를 받아들이고 함께 살아내는 역할을 못 한다면 크게 의미를 두지 않기로 했다. 문제는 날마다 일어난다. 문제를 완벽히 해결하려는 오만은 문제를 폭력적으로 처리하여 문제가 없는 것처럼 보이게 하는 데 주력하는 실수를 저지르게 한다. 중요한 것은 문제를 있는 그대로 바라보며 끌어안고 살아가는 힘을 기르는 것이 아닐까?

나는 민주적인 교사가 아니다

조성실 초등 교사 cocoo051@naver.com

수업을 계획하고 어린이들의 반응을 살피는 과정에서 큰 행복을 느끼지만 아직도 어떤 선생이 되어야 하는지 고민하며 헤매는 교사입니다. 요즘은 애정을 갈구하는 어린이가 많아도 너무 많아 고민입니다.

나는 학교가 민주적이기를 바란다. 내가 가르치는 어린이와 관련된 일들 — 수업, 급식, 행사, 놀이, 교육과정, 학교 행정 등 — 에 관해 위에서 일방적으로 지시한 대로 따르는 게 아니라 교사들이 서로 의견을 나누어 결정하고 실행하길 바란다. 그러나 아쉽게도 나는 교사 생활 수십 년 동안 교무실에서 그런 민주적 과정을 거의 경험하지 못했다. 동학년 회의 시간에 의견을 내긴 했지만 부장 회의에서 대부분 교사들의 의견과 다르게 결정이 되어도 왜 그랬냐고 따져 묻고 전체 회의를 열어 다시 논의하자고 말하지 못했다. 그저 문제가 매우 심각하다고 생각되는 경우에만 전체 교사에게 메시지를 보내 의견을 모은 뒤, 학교운영위원회 회의에서 교사의 의견과 다르니 다시 결정해야 한다고 한 적이 몇 번 있을 뿐이다. 몇 차례 이런 일들을 겪으면서 나는 싸움닭이라는 별명을 얻게 되었고 심한 스트레스를 받았다. 최근에도 심각한 문제가 있는 학교 행사에 대해 다시 논의를 하자고 전체 교사에게 메시지를 보내야 하나 마나를 고민하다가 결국 못 했다.

어린이들을 억압하는 내 모습이 괴로웠다

민주적인 학교를 바라는 내가 속한 교실은 어떤지 생각해 보았다. 나는 교실에서 의지와는 다르게 늘 어린이들을 억압하는 교사로 존재했다. '책을 읽어라', '조용히 해라', '수업 시간 시작됐다', '국어 시간이다', '수학 시간이다', '숙제를 해 와라', '집중을 해라', '옮겨라', '들어와라', '돌아다니지 마라', '제 시간에 밥을 먹어라', '우유 먹었느냐', '주워라', '가방을 걸어라', '싸우지 마라', '친절하게 말해라', '소리 지르지 마라', '실내화를 신어라', '쉬는 시간에 화장실에 꼭 다녀와라', '줄을 서라', '안 된다', '하지 마라!'……. 수업도, 학급 운영도 어린이를 중심으로 하겠다고 결심했지만 교사로서 내 일상은 어린이들의 욕구와 상관없이 '~해라' 혹은 '~하지 마라'고 하는 경우가 대부분이었다. 어린이의 욕구와 교사로서 나의 입장이 부딪히는 일상들이 괴로웠다.

어린이들을 억압하는 괴로움에서 벗어나려면 어린이들이 교실의 주인이 되도록 해야 했다. 그리고 어린이가 교실의 주인이 된다는 것은 내가 민주주의를 '베푸는' 것이 아니란 생각이 들었다. 그러던 차에 이 책에도 실린 조영선의 〈'학급공동체'에 대한 동상이몽〉이라는 글을 《오늘의 교육》(2013년 5·6월호) 지면에서 읽고 학급의 1/n이 되어야겠다는 결심을 하게 됐다. 같은 호에 실린 이희진의 '조폭 거부 선언'을 흉내 내어 어린이들에게 선언도 했다. "앞으로는 야단을 치지 않고 문제가 생길 때는 회의를 해서 함께 해결하겠다. 우리 교실에서 선생님만 왕인 것 같으니 모두 주인처럼 살아 보자. 경쟁의 말도 하지 않겠다." 야단을 치지 않겠다는 것은 자리에 앉지 않아도, 수업 시간에 들어오지 않아도, 수업 중에 떠들어도, 친구들과 싸워도 교사가 어떻게 해야 한다고 지시하지 않고 되도록 어린이가 스스로 문제를 인식하고 자기 행동을 결정하는 교실을 만들겠다는 선언이었다. 그러나 치밀하게 계획을 세운 것은 아니었다. 다만 어린이들을 억압하는 것 같은 나를 견디기 힘들어하다가 충동적으로 한 일이었다. 어떻게든 될 거라 생각했는데 결론부터 말하자면 결국 일주일 만에 포기했다.

낯설었던 일주일

야단을 치지 않겠다는 나의 선언에 초등학교 1학년 어린이들은 큰 관심이 없었다. 아이들이 말을 듣지 않을 거라고 걱정하는 어린이가 한 명 있기는 했다. 선언 첫날, 수업 시간이 시작되어도 90%의 어린이들이 서 있었다. 나는 이전처럼 앞에 서서 "모두 앉아"라고 말하는 대신 어린이들을 한 명씩 찾아가서 앉아 달라고 부탁했고, 옆 사람과 이야기를 나누는 어린이에게는 앞을 보라는 말 대신에 "수업하는 데 신경이 쓰이니 내 말을 들어 달라"고 했다. 수업을 진행하기 위해 다른 때보다 훨씬 시간이 많이 들었지만, 선언한 바를 지키기 위해 수업을 일정 부분 포기해야 한다는 것이 내가 세운 유일한 계획이었다.

야단을 치지 않기로 했으니 무엇이든 이유를 설명하고 부탁할 수밖에 없었다. 어린이 한 명 한 명에게 수십 번을 말해야 겨우 수업을 시작할 수 있었다. 심지어 앉아 달라고 부탁을 하는데 문을 열고 나가는 어린이도 있었다. 급기야 한 어린이는 애들이 선생님을 만만하게 보는데 어떻게 할 거냐고 걱정하기도 했다.

선언을 한 둘째 날, 줄을 서는 시간에도 분위기가 달라졌다.

"9번이 맨 앞!"

"선생님, 그것도 경쟁의 말이에요."

"그럼, 어떻게 해야 하지?"

"그냥 조용히 오늘은 9번이 앞에 서는 차례라고 말을 해야 해요."

아이들 전체가 이동할 때는 번호대로 줄을 서는데 맨 앞 사람은 나와 손을 잡게 된다. 아이들이 선생님과 손을 잡길 좋아해서 번호대로 돌아가며 앞에 서고 있다. 그러다 보니 그날 줄을 서기 위해 모이라는 신호로 "9번이 맨 앞!"이라고 어린이들에게 말하게 되었는데 한 어린이가 그것을 경쟁의 언어라고 지적한 것이다. 할 수 없이 작은 소리로 "오늘은 9번이 맨 앞이야" 하고 여러 번 말하면서 어린이들을 모았다.

평소 어린이들 간의 갈등을 조정하던 나의 방식도 바꿔 보았다. 이전에 어린이들 사이에 다툼이 벌어졌을 때 나는 이런 식으로 해결하곤 했다.

나 : 너, 다른 사람 마음을 아프게 하는 시시한 사람이 되고 싶어, 아니면 자기를 소중히 여기는 멋있는 사람이 되고 싶어?

어린이 : 멋있는 사람이요.

나 : 자기를 소중히 여기는 사람이 친구가 쓰고 있는 물건을 빼앗고 싸우면 되겠어?

어린이 : 아니요.

나 : 나는 네가 자신을 소중히 여기고 친구를 소중히 여기는 멋있는 사람이 되었으면 좋겠어!

어린이 : 네.

이럴 때 어린이에게 말을 하면서 스스로 감동적인 분위기를 만들 수도 있다. 어린이들은 야단을 맞으며 눈물을 뚝뚝 흘리곤 정말 멋있는 사람이 되겠다는 표정을 짓기도 했다. 그러면 나는 팔을 벌리고 앉아 아이를 꼭 안아 등을 토닥여 주었다. 아이도 푹 안겨서 눈물을 흘리다가 편안하고 기분 좋은 얼굴로 자리에 돌아갔다. 그럴 때 나는 내가 아이를 무척 사랑한다는 느낌이 들었다. 또 다른 방법으로는 다툰 아이 둘을 불러 말하는 연습을 시키기도 했다. 상대를 공격하는 게 아니라 "나는 네가 내 물건을 빼앗아서 기분이 나빴어"와 같이 나의 감정을 말하는 것이다. 친구를 괴롭히는 아이가 있으면 대부분 나는 두 가지 방법으로 문제를 해결했다.

그러나 나는 선언을 한 날부터 다르게 문제를 풀기 시작했다. 회의를 신청받아서 학급의 다른 어린이들과 함께 어떻게 해결할지를 논했다. 하루는 5교시 수업 중에 2교시만 수업을 한 날도 있었다. 회의를 신청한 아이가 세 명이나 되었기 때문이다. 짝의 알림장을 가져가선 짝이 달라고 사정을 해도 주지 않은 어린이가 첫 번째 회의 대상이었다. 눈물을 흘리는 아이에게 회의를 신청할 거냐고 물어보니 하겠다고 했다. 칠판에 회의 안건을 쓰고 어린이들에게 회의 대상인 친구에게 물어보고 싶은 것이나 자기의 생각을 말해 달라고 했다. 어린이들은 알림장을 왜 가져갔는지, 가져갔을 때 기분이 어땠는지, 무엇을 원하는지 물었다. 친구들의 물음에 이 아이는 글씨를 잘 써 주려고 가져갔다고 답했다. 여러 이야기가 오고 간 끝에 알림장을 빼앗은 아이가 사과를 하고 다시는 그러지 않기로 약속했다. 내가 보기에는 딱 장난을 치려고 알림장을 빼앗아 간 것인데 어린이들이 왜 알림장을 가져갔는지를 묻는 게 새로웠다. 문제를 자신들의 시각에서 해결해 가는 어린이들의 모습에 이런 시간들이 민주적인 태도를 학습하는 기회가 될 거라는 기대가 생겼다.

그날 회의 대상이었던 아이는 집에 갈 때 다른 때와는 달리 내게 어색하게 인사를 하고 갔다. 나도 어색한 분위기에서 악수를 했다. 나는 커다란 어른에서 작은 아이가 된 느낌이었다. 친구를 괴롭힌 어린이에게 교사로서 무엇인가를 행할 큰 권리가 없어진 1/n로서의 내가 느껴졌다. 문제를 '정확히' 해결하고 아이에게 카타르시스까지 맛보게 해 주었을 때 내 안에서 샘솟던 열정이나 아이에 대한 따뜻한 사랑이 없어진 건가 하는 생각도 들었다. 참 묘한 기분이었다.

두 번째 있었던 회의는 한 어린이가 친구 세 명이 자신과 놀아 주지 않고 따돌린다고 신청을 한 것이었다. 꽃가마 태워 주기 놀이를 하다가 계속 자기도 끼워 달라고 했는데 끼워 주지 않았단다. 회의를 열자 다른 어린이들은 세 명에게 왜 끼워 주지 않았느냐고 물었다. 세 어린이는 자신들도 놀아 주려고 했는데 놀이 시간이 끝나서 그런 것이고 그 이후에는 같이 잘 놀았는데 회의를 신청해서 오히려 섭섭하다고 말했다. 회의를 신청한 어린이는 자기는 삐치면 일주일은 더 가는 성격이어서 사과를 받는 것만으로는 화가 풀리지 않는다고 했다. 다른 어린이들은 화를 빨리 푸는 것이 좋다고 계속해서 권했다. 이 어린이는 결국 사과를 받고 앞으로는 꼭 놀아 주기로 약속을 받은 뒤 화를 풀라고 다른 친구들이 몇 번을 권한 다음에야 용서를 해 주겠다고 했다. 두 가지 회의를 하는 데만 45분이 걸렸다. 회의에 관심이 없는 아이들도 있었지만 평소에 말이 없고 수업 시간에도 의사 표현을 잘 하지 않던 아이들이 화를 풀라고 권한 것이 뜻밖의 소득이었다.

급하게 수업 시간 도중에 회의를 한 경우도 있었다. 늘 자신을 괴롭히던 친구가 수업 시간에도 심하게 약을 올리자 회의를 신청한 것이었다. 다른 어린이들은 괴롭힌 어린이에게 좋아서 괴롭히는 건지 놀고 싶어서 괴롭히는 건지 물었다. 괴롭힘을 당해 온 어린이는 유치원 때부터 이 친구가 괴롭혀서 못살겠다고 했다. 아이들은 여러 가지 질문 끝에 해결 방법을 '사과하기', '(괴롭힌 어린이가) 수업 중에 일어난 일을 집에 가서 말하기', '괴롭힐 때 우리들이 하지 말라고 말해 주기'로 결정했다.

이렇게 회의를 열고, 야단을 치지 않다 보니 준비한 수업들은 대부분 다 하지 못했다. 소리를 내거나 뒤돌아서 친구와 떠드는 어린이들이 나를 보아 줄 때까지 권하고 기다리느라 이야기가 자꾸만 끊겼다. 그래도 기다렸다. 기다림과 인내가 필요했지만 아이들을 억압하고 있다는 느낌이 하나도 들지 않았다. 수업에 대한 욕심을 내려놓는 순간 마음이 그렇게 편안할 수 없었다. 최대한 아이들의 자발적 관심을 끌어내려고 애썼다. 왜 수요일 급식에는 매번 맛있는 것이 나오느냐는 한 어린이의 반복되는 관심에 점심시간에 영양사 선생님께 물어보러 갔다. 일사병과 열사병이 다르다는 한 어린이의 말을 함께 확인했고, 불가사리의 뜻을 궁금해하는 아이들에게 한자말을 찾아서 알려 주었다.

일주일이 지난 어느 날이었다. 계속해서 학교에서 나누어 주는 통신문을 가져가지 않겠다고 짜증을 내는 어린이가 한 명 있었다. 나는 통신문을 칠판 앞에 둘 테니 가져가고 싶을 때 가져가라고 했다. 그런데 그중에 뭔가를 신청하는 것이 있었고 아이가 통신문을 가져가지 않는 동안 신청 기일이 3일이 지나 버렸다. 뒤늦게 아이는 신청하겠다고 내게 왔고, 나는 기간이 지나서 신청할 수 없다고 했다. 아이는 아침부터 신청하고 싶다고 우는소리를 내기 시작했다. 감정 노동이라 할 만큼 힘이 들었다. 담당 선생님께 전화를 걸어 사정해 보았으나 이미 처리가 다 끝난 상태였다. 담당 선생님과 통화하는 것을 듣게 해 주니 아이가 잠잠해졌다. 그러나 나는 신경이 곤두서서 참을 수 없는 지경이 되었다.

난 결국 어린이들에게 모두 앉으라고 큰소리로 말했다. 통신문을 가져가지 않겠다고 했던 어린이에게는 선생님이 배려를 해 줬는데 왜 자기 행동을 책임지지 않고 우기느냐고 야단을 쳤다. 모든 상황이 처음으로 돌아갔다. 아이들 간의 다툼이 벌어졌을 때도 회의를 하기보단 이전처럼 왜 싸웠는지 이야기를 듣고, 상황을 재현해 보게 하고, 서로 하지 말라고 말하는 연습을 시키고 위로해 주고 해결했다. 야단을 치지 않겠다고 했던 약속을 왜 지키지 않느냐고 항의하는 어린이는 없었다. 대신 자기 일은 아니지만 이것저것 회의를 해야 한다고 계속 요청하는 어린이는 있었다. 나는 적당한 핑계를 대며 회의를 미루다가 한두 번 회의를 하고 여름 방학을 맞았다.

그렇게 야심차게 시작한 나의 결심은 결국 일주일 만에 무너졌다. 어린이의 욕구와 의견들을 나와 평등하게 받아들이고 인정하는 것이 내가 한 약속이었지만 계속해서 지켜 나가기가 힘들었다. 이 시간을 통해 어떤 가능성, 의미 있는 모습들을 발견할 수 있었지만 사소한 일로 자꾸 문제들이 봇물처럼 터지는데 혼란스러웠다.

민주주의가 항상 우선하는 가치일 순 없었다

나는 어린이들이 학교에 도착해서 하고 싶은 일을 하고, 하고 싶은 공부를 하고, 공동체 안에 문제가 생겼을 때는 함께 해결하는 '자유학교' 같은 모습을 마음으로 갈망하고 있었다. 그래서 어린이들 앞에서 그런 선언을 하게 된 것이었지만, 현실적으로 선언대로 해 나가기가 어려웠다. 흔히 학교에서 민주주의를 가로막는 주범으로 지목받는 비민주적인 학교 문화나 빽빽한 교육과정, 경쟁 중심의 교육 같은 이유 때문만은 아니었다. 초등학교 1학년이기에 입시나 진도로부터 상대적으로 자유로웠고, 교무실에서와 달리 우리 교실에서는 내 재량대로 할 수 있는 여지도 많았다.

나를 오히려 고민하게 만든 부분은 초등학교 1학년 어린이들에게 지금 더 필요한 것이 무엇인가 하는 점이었다. 함께 논의해 무언가를 해결할 수 있는 상황들도 있지만 아직 어리고 경험이 부족한 1학년들에겐 교사가 적극적으로 개입해야 하는 상황들이 많았다. 어린이들이 앞으로 다른 사람들과 함께 부대끼며 살아가기 위해 때론 야단을 통해서라도 막거나 가르쳐야 할 부분도 있었다. 더군다나 가정 문제로 기본적인 돌봄도 받지 못하고 있는 어린이들에겐 교사가 그저 나이가 좀 더 많은 친구 같은 존재가 아니라 품이 아주 큰 어른이 되어 주는 게 더 우선일 때도 있었다. 어린이들의 욕구와 의견을 존중하고 되도록 민주적인 태도로 사안들을 풀어 나가려 노력하되, 현재 어린이들의 삶이나 성장 과정과 보폭을 맞춰 가는 접근이 필요하다는 생각이 들었다.

얼마 전 개학을 했다. 어린이들과 공부하는 과정은 의사소통이 꽤 잘되는 편이다. 수업을 시작할 때, 수업 시간 중에, 쉬는 시간이나 어린이들의 생활에서 나는 여전히 어린이들에게 지시를 내리는 편이다. 어린이들의 모든 문제를 회의로 해결하려던 시도가 실패로 끝난 후, 어린이들에게는 아직 그에 대해서 의견을 묻지 못했다. 하지만 나는 이전처럼 괴롭지 않다. 오히려 어린이들에게 당당하게 '앉아라', '수업 시간에 늦지 마라', '절대 친구를 때리지 말아라', '사소한 것은 양보해라'라고 요구한다. 나는 일정 부분 억압적일 수밖에 없는 나의 위치를 인정하기로 했다.

나는 민주적이지 않은 교사인가. 잘 모르겠다. 그럼 나는 민주적인 교사인가. 그것도 잘 모르겠다. 여전히 나는 교실에서 민주주의를 어떻게 실현해야 할지 혼란스럽다. 다만 이 혼란을 당분간 껴안고 살기로 했다.

우리는
평등해질 수 있을까

—

박동준 중등 교사 amoo1019@naver.com

적당히 월급 받으며 학생들과 '널널하게' 지내길 바라는데 잘 안 됩니다.

폭군이 되지 않는 게 우선이었다

《오늘의 교육》은 학교 민주주의와 관련된 기획을 통해 교사가 '선정'을 베푸는 군주로서가 아니라 학생들과 평등한 공동체의 구성원으로서 만날 것을 이야기해 왔다. 전체적인 논지에는 동의가 되면서도 의문이 고개를 든다. 우리 학교 현실에서 교사와 학생이 1/n로 대등하게 마주하는 게 진정 가능한가. 완전히 수평적으로 논의하며 바닥부터 사안을 결정하기에, 학생 수는 너무 많고 수업은 과다하다. 자치 시간은 턱없이 적다. 그나마 얼마 없는 자치 시간조차도 이런저런 학교 행사로 채워지기 일쑤고, 정기 고사를 앞두고 있을 땐 자습 시간이 된다. 민주주의는 본디 시간이 많이 걸린다. 그러나 우리네 학교는 그걸 견딜 참을성이 없다.

민주주의가 활성화되려면 구성원의 '관심사, 결정 권한, 진행 비용 감당'이라는 삼박자가 갖춰져야 한다. 그래서 많은 학교에서 학급의 민주주의가 가장 치열하게 '꽃필' 때는 1년에 단 한 번, 체육대회에서 입을 반 티를 고를 때다. 한창 옷차림에 민감할 때고, 반 티 결정에는 학교가 거의 간섭하지 않으며, 논의할 시간도 비교적 넉넉하기 때문이다.

그나마 학생들이 활발하게 자기 의견을 발언하는 것이 학교에 대한 민원이다. 우리 학교의 경우, '화장실에 휴지를 비치해 달라', '양변기를 교체해 달라', '여름에 에어컨을 자주 틀어 달라', '생활복을 입게

해 달라', '생활규정을 개정해 달라' 등의 민원이 자주 들어온다. 결코 무리하거나 사치스러운 요구들이 아니다. 신체의 자유, 최소한의 위생과 학습 환경 등 기본적인 부분에 대한 요구들이다. 이런 요구를 학교는 잘 수용하지 않는다. 요구를 수용할 여건이 안 될 때 그에 대해 학생들에게 해명하거나 양해를 구하지도 않는다. 관리자와 평교사를 막론하고 대개 많은 교사들은 학생들의 이런 요구에 코웃음을 친다. 민주적 공동체의 구성원은커녕 '고객'으로도 보지 않는 것이다. '학교-학생' 관계를 자본주의적인 '서비스 제공자-고객' 관계로 보는 것도 문제가 있지만, 어떤 때는 차라리 그거에라도 충실했으면 싶을 때가 있다. 학생들의 1차적인 욕구 충족에 대해서도 무심한 학교가 민주주의를 신경이나 쓸까.

학생회는 말할 것도 없다. 대개 학급의 반장은 교사의 심부름꾼이며, 학생회장은 학교가 정한 행사 틀 내에서 학생들을 모으고 조직하는 일만 할 수 있다. 학칙 개정 등 학교의 주요한 일에 참여할 수 있는 통로가 매우 제한적이다. 그 외 학교의 거의 모든 일은 일방적으로 정해진다. 물론 교사가 열정이 있는 경우 학급 차원에서라도 학생 자치를 실현시키기 위해 학급 행사를 많이 만들고 그 기획과 운영을 학생들에게 맡기기도 한다. 여기엔 여유 시간과 교사의 노력이 많이 필요한데, 입시가 중심인 일반 학교에선 사실 쉽지 않다.

이런 상황에서 나로서 가능한 차선책이 '선한 군주'가 되는 것이었다. 어차피 학급 차원에서 할 수 있는 일이 별로 없고, 기존의 하향식 지도를 계속할 수밖에 없다면, 차라리 내가 가진 권력을 최대한 '투명화'하자 싶었다. 사안의 결정 과정을 노출시켜 학생들이 지켜

보게 하고, 내 권력을 명시적이고 구체적인 원칙하에 행사하자는 심산이었다. 학창 시절에 겪은 교사들에 대한 안 좋은 기억도, 그들이 비민주적이어서가 아니라 감정적이고 무원칙적이어서 그랬다는 생각도 있었다. 현재의 학교에선 아이들에게 권력을 분산시키는 것보다도 내가 '폭군'이 되지 않는 게 우선이었다.

어느 '선한 군주'의 학급 회의

학급 규칙을 제정해 운영하는 것이나 가능하다면 주요한 결정들을 학급 회의를 통해 학생들과 논의하려 한 것은 그런 노력의 일환이었다. 나는 몇 해 전부터 학급 규칙을 제정해 운영해 왔다. 먼저 3월 개학 날에 학생들에게 학급 운영 방침을 프린트로 인쇄해 알려준다. 구체적인 내용은 매해 달라지지만, 최대한 '투명하고 민주적'으로 운영한다는 원칙을 천명하는 건 동일하다. 올해 그 구체적인 시행 방안에는 다음의 말이 추가됐다. "가능한 한 공개적으로 학급 일을 운영하겠음. 감정적으로 임하지 않겠음. 뭔가를 시행할 때는 공개적으로 이유를 이야기하고 시행하겠음. 합리적 반론 환영." 시행 방안에는 민주적인 학급 규칙 제정도 늘 들어간다. 3월 중순 전에 학급 규칙 제정에 대한 설문지를 돌려서 이를 토대로 제정 여부를 결정하고, 회의를 거쳐 학급 규칙을 제정한다. 초안은 내가 짜지만 학생들의 의사를 최대한 반영할 수 있도록 회의를 하기에 규칙은 대개 만장일치로 통과되어 왔다. 나도 의견을 내지만 학교 생활 고참(?)으로서의 발언이지 결정권은 없었다.

올해 1학기 말, 우리 반 은우(가명)의 지각 건에 대해 학급 회의를 연 것도 앞서 언급한 시행 방안(감정적으로 임하지 않겠음. 뭔가를 시행할 때는 공개적으로 이유를 이야기하고 시행하겠음. 합리적 반론 환영)을 지키기 위해서였다. 8시 30분에 1교시 수업을 시작하는데 그날 은우는 8시 40분에 학교에 왔다. 평소 늘 일찍 오는 아이였다. 은우의 어머니는 그날따라 가족 전체가 늦게 일어나서 아이를 못 깨웠다고 전했다. 아이 잘못은 아니더라도 지각은 지각. 수업 시간을 넘어서 오는 건 학급 규칙뿐만 아니라 학교 규정상으로도 무단 지각이다. 그래도 한 번 더 기회를 주고 싶었다. 은우에게 말했다. 이 문제로 오늘 내 수업 시간에 학급 회의를 열겠다고. 이번은 처음이고 그리 많이 지각한 것도 아니니까 한 번은 봐주고, 다음에 같은 일이 벌어지면 무단 지각으로 네이스NEIS : 교육행정정보시스템에 기재하는 안을 학급 회의에 올리겠다고 했다. 내가 자의적으로 봐주는 것보단 투명하게 학급 회의에서 찬반을 물어 진행하는 게 너에게도 좋을 것이라고 말했다. 아이는 수긍했다. (그 전에 한 가지 밝혀야 될 일이 있다. 한 달 전쯤 현태(가명)가 늦잠으로 은우와 비슷한 정도로 지각을 한 적이 있었다. 평소에 지각이 아주 잦은 학생이었다. 여러 번 학부모에게 전화도 했었다. 현태는 본인과 학부모에게 공지하고 무단 지각 처리를 하였다.)

수업 시간에 학급 회의를 열었다. 학기 말이라 진도를 다 나가서 부담은 없었다. 전체 학생에게 취지를 설명했다. 그냥 규정대로 은우를 무단 지각 처리할 것인지, 아니면 한 번은 봐주는 걸로 학급 규칙을 개정할 것인지 결정하는 것이 안건이었다. 개정이 될 경우 현태는 소급 적용되어 지난번 무단 지각한 걸 지우겠다고 했다. 무단 지각한 번으론 대입에 결정적인 영향을 주진 않지만, 은연중에 좋지 않은 인상은 줄 수 있다고 이야기했다. 분위기가 미묘하게 술렁댔다. 한 학생이 당사자 은우가 있는 채로 회의를 진행하는 건 공정치 못하다고 말했다. 내가 미처 생각지 못했던 부분이었다. 은우를 나가게 하자 회의가 달아올랐다. 난 진행을 하면서도 되도록 학생들과 동등한 발언자 역할에 서려 했다.

상당히 열띤 토론이었다. 여러 의견이 나왔다. 주로 이 안건 자체에 대한 비판이었다.

- 학교 규정이 학급 규칙보다 상위의 규정인데, 왜 학급 회의로 결정하느냐.(학생들) → 담임으로서 10분 정도 지각하는 건 융통성을 발휘할 수 있다.(나) → 그럼 우리 반만 그렇게 하면 다른 반과 형평성에 어긋나는 것 아니냐.(학생들)
- 왜 현태가 지각했을 때는 학급 회의를 열지 않았느냐. 공정치 못한 것 아닌가.(학생들) → 평소 늘 일찍 오던 은우와는 상황이 다르고, 자주 지각하는 현태는 일종의 경고 차원으로 처리했다.(나) → 그래도 수긍이 가지 않는다.(학생들) 나도 이 상황이 불쾌하다.(현태)
- 다른 것도 아니고 대학 입시에 영향을 줄 수 있는 이 건을 이미 관련 규정이 있는데도 담임이 자의적으로 회의를 여는 것 자체가 잘못된 것 아닌가.(학생들)

회의는 적극적이되 감정적으로 크게 고조되는 것 없이 진행되었다. 다들 꽤 일리 있는 의견이었다. 어투는 지극히 온건했다. 장난스럽거나 감정적인 의견을 낸 학생은 없었다. 대체로 경청하는 분위기였으나 두세 명이 약간 졸기는 했다. 전체 37명 중 10명 내외가 의견을 낸 걸로 기억한다. 한두 명 정도가 담임인 내 주장에 동조하며 은우에 대해 온정적인 의견을 냈다. 비판적 주장, 온정적 주장을 낸 학생 모두 담임인 나와는 평소 관계가 좋은 편이었다.

거수로 결론을 내렸다. 규정대로 하자는 의견이 압도적이었다. 담임인 나는 학생들 모두 합리적이고 신사적인 태도로 회의에 임해 좋았다고 칭찬했다. 내가 담임으로서 미처 생각하지 못한 부분이 있었다고 사과도 했다. 내가 대표로 논의 내용을 은우에게 설명할 것이며(누가 어떤 말을 했는지는 당연히 비밀), 이 회의는 전혀 사적인 감정 없이 합리적으로 이뤄진 것으로, 앞으로 교우 관계에 어떤 영향도 미쳐서는 안 된다고 당부했다. 은우를 불러 자초지종을 설명하고 결정된 사항을 통보했다. 은우는 약간 의기소침해 보였지만 선선히 수긍했다.

몇 시간 뒤 종례에서, 처음엔 좀 무안했지만 곰곰이 생각해 보니 내가 우리 반 학생들을 잘 키운 것 같다고 웃으며 이야길 했다. 학생들도 모두 웃었다. 종례 후 한 학생은 내게 와서 그 회의에서 내가 은우를 편애하는 걸로 비쳤다고 솔직하게 말하기도 했다.

이렇게 회의를 여는 것은 당연히 쉽지 않다. 이번 회의는 시간적 여유나 안건의 성격 면에서 좀 특수한 경우이기도 했다. 서두에서 말했듯이 평소엔 교과 진도와 시간 문제, 일방적으로 정해지는 학교의 일 처리 방식으로 인해 회의를 할 여지 자체가 없다. 대신에 이렇게 회의로 함께 결정하진 못하더라도 윗선의 결정 과정을 내가 아는 한

가급적 객관적(학교 측 입장만을 대변하려 하지 않았다)으로 학생들에게 전달하려 노력했다. 몇몇 일을 내가 혼자 판단해서 결정할 때도, 판단 과정을 학생들에게 가감 없이 이야기했다. 이게 현재로선 학교에서 내가 할 수 있는 최선이었다.

변화, 그리고 한계들

나의 시도들이 성공적이었는지는 모르겠다. 하지만 이런 방책을 시행하면서 적어도 학생들과의 관계에서 감정적인 충돌은 사라졌다. 학생들이 교사에게 감정의 골이 쌓이는 건 교사가 일관성과 형평성 없이 지도를 하는 탓일 때가 많은데, 학생들이 참여해서 제정한 학급 규칙으로 이런 문제가 해소되었기 때문이었던 것 같다. 학생들이 지각을 했을 때, 다른 교사들이 보면 좀 싱겁다 할 정도로 화내는 연기(?) 없이 다소 기계적(?)으로 규칙에 따라 처분을 내리니 감정적으로 옥신각신할 여지가 없었다. 어떤 사안을 전달할 때도 그 결정 과정과 진행 과정을 학생들에게 공개하니 오해가 감소했다. 결정의 내용은 같을지라도 아무래도 교사가 모든 정보를 혼자 독점하고 '너흰 몰라도 돼', '그냥 하라면 해'라고 자신이 가진 권력을 자의로 휘두를 때와는 학생들이 받아들이는 게 다를 수밖에 없었을 것이다.

그러나 이 과정에서 스스로 민주주의와 관련해 느끼는 한계와 고민들도 있었다. 예컨대 은우의 지각 건에서도 느낄 수 있듯 우리 반은 비교적 적극적인 토론이 가능한 반이었다. 내가 회의를 열기로 했을 때, 내심 우리 반에서는 회의가 잘 이뤄질 거란 계산이 깔려 있었고, 후에 학생들을 칭찬한 것은 그 기대가 충족되어서였다. 만약 토론에 소극적이거나 비합리적인 말을 많이 하는 반이었을 때도 난 회의를 선뜻 열었을까. 별로 자신이 없었을 것 같다. '민주적인 토론'이라는 미명하에, 난 그것에의 '참여 자격'(비합리적인 말을 하는 아이는 배제시키는)을 생각했던 것이다. 시기도 그렇다. 진도를 마쳤기에 선뜻 회의를 열었다. 민주주의보다 수업 진도가 우선이었다.

회의 과정도 따져 보자. 토론을 하며 많이 무안하고 부끄러웠다. 정말이지 학생들 말이 틀린 게 하나도 없었다. 사실 회의를 제안하면서 약간은 만만하게 생각했다. 지각 규정을 느슨하게 하는 게 학생들에게 이익이면 이익이지 손해는 아니기에 무난하게 통과될 줄 알았다. 난 학생들이 규정에 대해 그렇게 깐깐하게 공정성을 요구할 줄 몰랐다. 학생들은 으레 '널널한' 규정을 원할 것이라 생각한 거다. 형평성에 대한 지적도 일리가 있었다. 은우는 지각을 안 할뿐더러, 생활 태도도 '올곧고' 전 학년을 통틀어 내 수업을 가장 적극적으로 듣는 학생이었다. 은우와 현태가 동일하게 지각을 했을 때 솔직히 각 학생에 대한 내 감정은 사뭇 달랐다. 만약 은우가 아니라 다른 학생이 지각을 했더라도 그렇게 선뜻 학급 회의를 열었을까. 이는 분명히 교사인 나의 미성숙함이었다.

그 미성숙함을 제외하더라도 문제는 남는다. 난 회의를 통해 동의를 구하는 과정이 은우와 반 학생들 모두를 위해서 좋을 것이라고 이야기했지만(그리고 그렇게 의식했지만), 은연중에 교사인 나의 판단과 결정을 학급 회의라는 절차를 통해 인정받고 강화시키길 원했던 것 같다. 학급 회의 과정에서도 난 학생들의 의견을 최대한 '존중'하려 노력했지만, 내가 아무리 학생들과 동등한 입장에서 발언을 하려 애쓰고 학생들의 다수결에 결정을 맡기더라도, 단숨에 회의를 열 수 있었던 건 교사인 나의 권력이 있기에 가능한 일이었다. 만약 학생이 회의를 열려면 교사인 나에게 이유를 '설명'하고 '허락'을 구해야 했을 것이다. 차선책으로 '선한 군주'라도 되고자 했던 것이지만, 이런 현실이 아무 부대낌 없이 마음에 받아들여지진 않았다. 나는 분명 학급의 1/n이 아니었다. 교실의 '지도자'는 여전히 나였다. 내가 회의를 열고, 진행하고, 정리해서 칭찬을 '내렸다'. 이게 정말 옳다고 생각하느냐고 묻는다면 선뜻 그렇다고는 대답하기 어려울 것 같다.

교육과 민주주의, 쉽게 정리되지 않는 고민들

그런데 한편으론 교육과 민주주의가 본질적으로 완전히 양립 가능한지에까지 생각이 미친다. 예컨대, 교육 활동의 핵심 중 하나는 교육과정이다. 국가 차원의 교육과정까진 아니더라도 개별 수업 내에서라도 학생이 스스로 교육과정을 짤 수 있는가(교사가 열어 놓은 선택의 장 내에서 학생이 구성하는 것이 아니라). 교육 활동에서 교사가 주도적일 수밖에 없는 것 아니냐는 이야기다.

또 모든 사안(그것이 학생들의 다수결로 결정된 사안이라도)을 자기 스스로 판단하여 결정하고 행동케 하는 것을 무조건 지지할 수 있을까. 물론 스스로 판단하고 결정해도 위험한 길로 빠지지 않는 학생들이 있다. 허나 그렇지 않은 학생들도 많다. 이 경우 교사는 어떤 행동을 취해야 할까. '존중'과 '방기' 사이에는 어떤 차이가 있을까.

더 나아가 학교의 민주주의를 넘어 사회의 민주주의까지 짚어 봐야 한다. 학생들과의 대등한 관계를 꺼리는 교사들이 꼭 악해서(?) 그런 것만은 아닐 것이다. 나를 포함한 많은 성인들은 민주주의의 경험이 일천하다. 가족이나 기업 내부에서도 민주적인 소통은 찾아보기 힘들다. 정치에서의 민주주의도 그 제도적 꼴을 갖췄을 뿐, 내용 면에선 아직 갈 길이 멀다. 게다가 사회에는 나이, 가족, 국가 권력 등 다양한 관계와 위계가 존재한다. 그것들이 그 자체로 불의하다는 시각도 가능하지만 확실한 건 그것을 떠나서 살기는 대단히 힘들단 점이다. 그래서 학교에서 완전히 수평적인 공동체를 이뤄 거기서 학생들을 키우려는 것이, 혹시나 학생들을 바깥세상과 유리된 온실 속의 화초로 자라게 하는 것은 아닐까 하는 걱정도 살짝 든다. 물론 학교에서 경험한 민주주의를 바탕으로 학생들이 학교 밖에 나가 불합리한 권력관계에 맞서 싸워 그것을 개선할 수도 있다. 그러나 그러기 위해서라도 교사와 학생 간의 평등을 말하는 것을 넘어 교육에서 어떤 노력과 시도가 필요할지 보다 세밀한 접근과 고민이 선행되어야 하지 않을까.

　교육에서 민주주의를 논하는 것은 궁극적으로 교육이 무엇인지에 대해서도 근본적인 성찰을 요구한다. 또 학교의 민주주의와 사회의 민주주의는 상응한다. 우리에게 교육이란 무엇인가? 민주주의란 무엇인가? 우리는 어디서부터 무엇을 어떻게 해야 하는가? 쉽게 정리되지 않는 이러한 고민들을 좀 더 솔직하게 풀어 놓고 함께 이야기해 나갔으면 한다.

/ 3부 /

민주주의를 교육하라?

파인 홈을 지우는
민주시민교육

|

고영주 중등 교사 ericrow@hanmail.net

청소년 북 스타트, 민주시민교육, 청소년인권, 여성운동, 성소수자인권운동, 영화, 불교, 철학, 아나키즘 등 오늘도 이것저것 잡스럽게 공부하는, 새벽 바다를 사랑하는, 시골 사는 덕후 고영주입니다.

불편하다

　촛불 집회가 한 달 정도 되어 가던 지난해 11월 26일 금요일 9교시는 그 주의 마지막 보충 수업 시간이었다. '불금'을 위해 외출 준비에 한창이던 '학습 노동자'들이 '조기 퇴근'을 하는 경우가 많아, 월말에 보충 수업비를 받기가 민망할 정도로 적게 남아 있는 수업이었다. 그나마 남아 있는 학습 노동자들 일곱 중 다섯은 비가 제법 내리는 날이라 내가 촛불 집회 장소까지 태워 주기로 해서 남아 있었다. 교사도 정말 하기 싫은 보충 수업을 그들은 얼마나 싫어할까 생각하기도 하고, 또 그들의 자율에 맡긴 보충 수업이라면 그날 수업 참여도 자신의 선택이어야 한다는 점을 생각해서 나는 출석 체크를 하지 않는다. 그래서인지 내 수업은 참여자가 특히 적다. 학생들이 자율성을 보장받고 민주 시민으로서의 자질을 갖추는 것이 더 중요하다고 생각하기에 그렇게 해 왔다. 하지만 보충 수업을 "제낀" 그들은 다 어디에 가는 걸까? 자율과 민주의 광장이 활짝 열려 있다는데 그들은 어느 화려한 도시의 밤거리에서 자유의 공기를 마시고 있는 걸까? 불편하다.

　촛불 집회의 자유 발언에는 청소년들이 많이 참여했다. 그들에 대해 대견하다며 칭찬하는 비청소년들이 주위에 많았다. 청소년인권행동 아수나로 회원인 쓰르가 발언을 하러 나와, 촛불 집회에 참여하는 청소년을 대견하다고 칭찬하지 말아 달라고, 자신들은 동등한 시민으로서 이 자리에 함께하는 것이라는 취지의 발언을 했다. 하지만 다른 청소년들의 발언에 대한 반응만큼 공감이 담긴 반응이 나오진 않았던 것 같다. 그래서였을까? 청소년들의 자유 발언 내용이 어른들과 많이 비슷하다는 느낌이 들었다. 기성 정치인들같이 박근혜와 최순실 등에 대한 분노만을 쏟아 내는 이야기에 비청소년들은 사이다 발언이라며 환호했다. 불편하다.

1차 집회 후 행진을 했다. 행진 중에 한 50대 남성이 확성기를 들고 구호를 선창하면 다수가 이를 따라 했다. 그런데 갑자기 교복을 입은 10여 명의 남학생이 보다 빠른 템포로 구호를 외쳤다. 50대 남성의 구호에 비해 남학생들의 구호는 더 간결했다. 점점 빨라지는 그 구호는 어느덧 분위기를 주도했다. 남학생들의 구호가 신선하기도 했다. 하지만 그 모습이 무리를 지어 세를 과시하는 남성 중심 문화 같다는 생각이 들었다. 왜 집회를 주도하는 사람들은 주로 남자일까? 불편하다.

헤어지고 돌아오는 길에 생각해 봤다. 수업에 없었던 더 많은 친구들은 촛불 집회에 오지 않고 어디에 갔을까? 주인으로서의 권리를 외칠 광장이 열려 있는데 그들은 어디서 자유를 누리고 있었을까? 반면 광장에 나온 친구들은 스스로 자유롭게 선택해서 나왔다. 민주주의를 원해서 나왔다. 청소년뿐 아니라 그동안 집회에서 보지 못했던 많은 시민들도 마찬가지일 것이다. 사람들은 광장 민주주의가 현실에서 실현되고 있다고들 한다. 그러나 민주적 선택으로 그 자리에 나온 청소년들과 시민들이 만들어 내는 비청소년/남성 중심의 불편한 장면들은 분명 민주주의의 바람직한 모습은 아닐 것이다. 왜 이런 장면들이 일어날까?

스스로 긍정할 수 있는 기회

학교에서도 비슷한 일들이 일어난다. 우리 지역 교육청에서는 최근에 민주 시민으로서의 역량을 기르기 위해 민주시민교육과 학생자치를 강화하고 있다. 하지만 광장에서 느끼는 불편함과 같은 일들이 학교에서도 항상 있었다.

가장 먼저 떠오르는 건 수업 시간에 '설리 노브라 논란 사건' 이야기를 했던 때다. 유명 걸 그룹 에프엑스의 전 멤버였던 설리가 자신의 인스타그램에 트레이닝복 차림의 사진을 올렸는데, 브라를 착용하지 않은 것 같다는 논란이 일었다. '지금이 조선 시대냐, 남이 속옷을 입든 말든 무슨 상관이냐'는 의견과 '일부러 논란을 일으키는 것 같다'는 의견이 맞섰던 사건이다.

이 사건에 대해 어떻게 생각하는지 묻자 댄스 동아리 소속으로 화장 등 학생 생활 문제로 주목(?)을 많이 받아 온 학생들 몇이 설리를 가리켜 "더럽다"라는 말을 했다. 여성 청소년에게서 나온 여성혐오 발언이다. 본인들도 화장이나 복장 등의 문제로 다른 이들에게 차별적인 이야기를 많이 들었던 경험이 있는데 그렇게 강한 발언을 하는 것을 듣고 놀랐다. 그리고 불편했다.

자세히는 모르지만 그 학생의 부모님도 내가 영어 수업 시간에 실시하는 민주시민교육에 대해 찬성하는 입장이라고 학생에게 전해 들었다. 학부모 세대는 정치적으로 진보적이어도 여성에 대해서는 보수적인 입장이라서 학생들이 이렇게 배운 것일지도 모른다는 추측을 해 봤다. 어쩌면 다른 부모보다 자유롭고 민주적으로 대해 주었을 부모님 밑에서 자랐는데도 이와 같이 타인의 자유를 간섭하는 발언이, 비민주적인 발언이 나온다는 것이 불편했다. 부모보다 큰 영향을 미치는 미디어 탓인가 생각해 보기도 했다. 여성혐오가 초 단위로 쏟아지는, 여성에게 성적 대상이 될 것을 권유하는 시장주의적이고 쾌락주의적인 메시지를 보내는 동시에 가부장의 소유물로서 관리의 대상이니 몸조심하라는 모순적이고 이중적인 메시지를 보내는 미디어 환경 속에서, 어쩌면 그 친구들의 반응은 당연한 것인지도 모른다.

반면 거의 쉬는 시간에는 게임에 몰두하는 '오타쿠' 친구들 중 일부가 강하게 반발하며 "남 일에 왜 간섭이냐", "법을 어긴 것도 아니고 속옷을 입든 안 입든 남의 사생활이다"라고 말했다. 이 친구들은 평상시 교복도 잘 입고 다니며 화장도 잘 하지 않는다. 이들 중 일부는 인문 독서 동아리 친구들이었다. 당시 동아리에서 〈서프러제트〉, 〈가슴 노출을 허하라〉 등과 같은 여성운동과 관련된 영화들을 보고, 책 《다이어트의 성 정치》 일부를 읽고 이야기를 나누던 시기였다. 이 친구들 부모님의 이야기는 직접 들어 보지 못해 잘 모르겠지만, 부모들의 영향을 많이 받은 것 같지는 않았다. 이들은 분명 댄스 동아리 친구들과 똑같은 미디어 환경에 노출되었을 테고, 동아리에서 조금 이야기를 나눴다는 것만으로 다른 생각을 갖지는 않았을 것이다. 그런데 왜 이들은 타인의 자유를 보호하는 일을 지지하는 민주적인 행동을 했을까?

어쩌면 오타쿠라는 점에 힌트가 있지 않을까 생각도 해 봤다. 오타쿠는 자신이 좋아하는 것이 사소한 것이라고 타인이 놀려도 신경 쓰지 않고 몰두하는 사람들이다. 이는 이미 스스로 좋아하는 것을 선택했고 또 남들의 시선보다 자신의 선택을 중시한다는 걸 알려준다. 주체로서 자신을 긍정한 경험이 있다는 뜻이다. 민주주의가 모든 시민이 주인이 되는 정치 체제라 한다면 주인으로서 자신을 긍정한다는 것은 중요한 요소일 것이다. 민주시민교육에서도 해야 할 일은 스스로를 긍정할 수 있는 기회를 제공하는 것 아닐까?

입시에 부대끼는 민주시민교육

두 번째 느꼈던 불편함은 1학기 수업이 끝나고 한 학기를 반성하는 시간의 일이다. 구체적으로는 민주 시민성을 강조하기 위해, 영어 수업이지만 제주4.3 사건을 소개하는 영문 자료, 5.18민주화운동을 소개하는 책자의 영어 서문, 촘스키 교수가 시민불복종에 대해 설명하는 강연의 영문 자료 등을 번역하는 활동을 한 것에 대한 학생들의 의견을 들었다.

수업에 대해 간단히 소개하자면, 자료 자체에 대한 설명은 의미를 이해할 수 있을 정도에 그치고, 영어 수업이니만큼 번역본을 직접 만드는 활동이 큰 비중을 차지한다. 모둠별로 번역본을 만들고, 발표하고, 서로 비교하고, 수정하고, 완성 번역본을 다시 만드는 과정을 거치며 영어 공부를 하는 것에 주안점을 두고 있다.* 그 과정에서 자연

---

* 이 수업 방식은 비경쟁독서토론을 응용한 것이다. 비경쟁독서토론은 경남 김해 청소년 인문학 읽기 대회에서 처음 시도한 것인데, 버즈 세션(Buzz Session)과 월드 카페(World Cafe)의 토의 방식을 접목했다. 버즈 세션은 예비 토론으로 책을 읽고 함께 질문을 만든다. 부담 없이 짧게 서로의 의견을 말한 뒤 이를 정리하여 대표 질문을 만드는 방식

스럽게 민주주의에 대해 공부하도록 디자인했지만 의도대로 잘되지는 않았다.

아무튼 학생들의 반응은 크게 긍정적 반응과 부정적 반응으로 나뉘었다. "영어도 공부하고 민주화운동의 역사도 배워서 좋다", "사회에 관심을 갖게 되어 감사하다"라는 의견과 "수업 시간에 딴 얘기 좀 그만하면 좋겠다", "교과서로만 수업하면 좋겠다", "모둠 수업 귀찮으니 다른 수업처럼 해 달라"라는 의견이 1:2의 비율 정도로 나왔다.

이에 대해 나는 민주 시민의 자질을 함양하는 것은 교육의 목적에 절대 어긋나는 것이 아니며, 교육법이 정한 중요한 목적 중 하나라고 설명했다. 교육과정에서 배워야 할 영어 능력에 관한 내용은 체크해서 잘 가르치고 있으므로 절대 법을 어기는 것이 아니라고도 말했다. 그러나 학생들의 불만은 조금 줄었을 뿐, 아직도 계속되고 있다. 다들 알고 있듯이 입시 문제는 교육법의 문제가 아니기 때문이다. 더 큰 문제는 학생들이 뭘 배우고 싶은지 결정해 본 적이 거의 없다는 것인지도 모르겠다. 선택권이 없다는 점에서 나의 수업 역시 민주시민교육이 아닌 걸지도. (2017년 2학기에는 학생 대표가 교육과정협의회에 참석하여 자신들의 의견을 조금이나마 말하고 이에 대해 약간의 수정이 이뤄졌다.)

여기서 불편한 점을 들여다보면 이렇다. 교육 내용에 대한 선택권

이다. 월드 카페는 앞서 만들어진 여러 개의 강력한 질문을 중심으로 하나의 모둠에서 카페에서 이야기하듯 자유롭게 이야기를 나누고 내용을 정리한 후 다른 모둠으로 옮겨 가며 서로의 생각을 공유하는 토론 방식이다. 비경쟁독서토론에서 중요한 점은 교사의 간섭이 최소화된다는 점과 경쟁하지 않고 공동의 해결책을 모색한다는 점이다.

이 없었으므로 수업 시간에 학생들이 수업 듣기를 거부하면 그 선택을 존중하고, 다른 공부를 하고 싶으면 그 선택도 존중한다. 다만 교칙을 위반하는 행위나 수업 진행을 방해하는 행위에 대해서만 협조를 부탁하고 이를 거부할 때만 제지한다. 완전히 자유로운 선택은 아니지만 스스로 수업 참여를 선택할 수 있음에도 많은 학생들이 수업 시간에 입시에 관한 것만 가르쳐 주기를 원하고 있다. 삶 속에서 입시를 강요받고 있기 때문일 것이다.

내가 학생 시절엔 공부 안 해도 뭐든 해서 먹고살 수 있을 것이라는 태평(?)한 마음이 있었던 것 같은데, 지금은 전혀 아니다. 살기가 너무 팍팍한 '헬조선'이라 그런 것 같다. 학생들에게 자유로운 선택을 하게 하거나 자율적으로 행동하도록 허용한다고 해도 민주주의가 그냥 오지는 않을 것이다. 이미 나 있는 길이 있기 때문이다. 입시로 향해 있는 넓고 큰 길이. 반면 농부가 되거나, 환경미화원이 되거나, 시인이 되거나, 목수가 되거나, 여행가가 되거나, 인생을 즐기는 자가 되는 길은 잘 알려져 있지도 않고, 안다 해도 그 길이 좁으며 걷기 힘난하고 고된 길임을 학생들은 이미 알고 있다. 이 상황에서 아무리 능력에 따라 자유롭게 선택해서 가라고 한들 얼마나 많은 사람이 그 길을 가겠다고 선택할까?

민주주의, 학교에선 필요 없다?

세 번째 이야기는 휴대전화 수거를 두고 공청회를 준비하는 과정에서 있었던 일이다. 교칙 개정을 발의한 것은 학생회 간부 수련회

중 있었던 토론에서였다. 당초에는 휴대전화를 수거하는 쪽으로 교칙을 개정하기로 했다. 하지만 교칙 개정 절차에 따라 설문 조사를 실시하자 전체 학생들의 68%가 교칙 개정에 반대했고 휴대전화를 걷지 말자는 의견을 내놓았다. 이에 대해 공청회를 통해 학생들의 의견을 다시 수렴해 보자는 의견이 나왔다.

그런데 공청회에 대한 논의가 학생회 간부가 아닌 학생들을 중심으로 이뤄지면서, 학생회장이 적극적으로 휴대전화를 수거하자는 입장으로 선회했다. 이후 학생회장을 지지하는 많은 학생들이 휴대전화 수거에 찬성하게 되었다. 의견 수렴 과정에서 "휴대전화 걷고 명문고 되자", "휴대전화 문제로 시끄러워 공부를 할 수가 없다" 등의 의견이 나오기도 했고 공청회 자리에서는 휴대전화를 수거할 수 없는 현행 규정을 어기고 휴대전화를 걷는 교사들을 옹호하는 발언도 많이 나왔다. 민주적인 방식으로 공청회를 열었으나 규정을 어기면서까지 학업과 학생들의 '게임 중독'을 염려하는 교사들의 충정(?)을 이해하는 학생들의 비민주적인 의견은 정말 불편했다.

학생 자치 활동은 민주주의를 직접 체험하며 배울 수 있는 최고의 민주시민교육이라 생각한다. 무슨 이야기든 자유롭게 토론하는 것이 중요하다. 하지만 규정을 어기며 학생인권을 침해하는 것을 옹호하는 학생들의 행동을 어떻게 봐야 할까? 대다수의 교사들이 휴대전화를 걷는 것을 찬성하고 있었고, 학생인권조례의 한계로 인해 아무리 공청회를 해도 결국 교칙 개정은 교사와 학부모 대표가 60%를 차지하는 교칙개정심의위원회에서 결정되기에 하나 마나 한 공청회인 것을 학생들도 알고 있었다. 학생들에게 열려 있는 길은 어쩌면 휴대전화를 걷자고 하는 쪽이 아니었을까? 실제로 휴대전화를 걷지 말자고 주장한 학생들은 이후 교사들의 따가운 눈총과 잔소리를 겪었다. 어차피 걷게 될 휴대전화, 학교에서 잘 쓰지도 못하는 휴대전화, 쓰겠다고 해 봐야 싫은 소리 더 듣게 만드는 휴대전화. 차라리 걷자고 하고 마음 편하게 사는 게 낫다고 생각하지 않았을까? 이게 과연 민주시민교육일까?

마지막 이야기는 우리 학교의 학교운영위원장이 주인공이다. 공청회가 끝나고 휴대전화를 걷는 과정에서 발생했던 여러 문제점에 대해 건의하기 위해 참관인으로 학교운영위원회에 참여했다. 그런데 내 얘기를 듣고 나서 운영위원장이 말하기를, 학생 자치 중요하고 민주시민이 되는 것 역시 필요하지만 그걸 학교에서 꼭 할 필요는 없다고, 있는 줄만 알고 있으면 된다고 했다. 입시로 바쁜 학생들이 학생 자치를 직접 하고 민주시민교육을 받는 것은 현실적으로 어렵다고도 했다. 이런 비교육적 발언을 하는데도 일부 위원들이 동조했다. 학내 민주화를 위해 어렵게 만든 학교운영위원회에서 비민주적 발언이 아무렇지 않게 오가는 상황을 어떻게 이해해야 할까? 이렇게 결정된 사항이 학교를 움직이고 있다면 과연 청소년들은 어떤 민주주의를 배운 것일까?

민주시민교육을 하며 자율성을 강조하고 청소년 스스로 선택할 기회를 주려는 노력은 많이 늘었다. 하지만 많은 청소년들이 자율적으로 민주적 의사 결정 과정과 광장에 참여하지는 않았다. 이미 입시와 경쟁 그리고 소비문화로 가는 길만이 크게 열려 있었기 때문이다.

파인 홈을 지우는 민주주의

들뢰즈가 말했다던가? '홈 파인 공간'과 '매끄러운 표면'에 대해서. 내가 이해하기로는 홈 파인 공간은 도시 생활로 대표되는 현대인의 생활인 것 같다. 이미 크고 넓게 파인 길로만 가는 것이 자연스러운 세계. 민주적인 듯 보이지만 그 길은 자본주의, 경쟁, 양극화 그리고 이를 뒷받침하는 거짓된 능력주의의 공간이다. 그리고 이는 앞에서 본 상황들과 겹친다. 자율을 보장받을 때, 촛불에 참여하여 광장의 주인으로서 자신의 권리를 행사하기보다 도시 어딘가에서 소비자로서의 권리를 행사하는 자유를 누리고 있을 학생의 모습이 그렇다. 아니면 가부장 남성 중심의 사회 속에서 자유롭게 적응하며 행동한다. 여성혐오를 통해 자신이 얼마나 남자다운지 또는 여성스러운지 증명하는 모습이다. 이 홈 파인 공간에 펼쳐진 광장 민주주의와 민주시민교육이 가는 길은 나에게는 뻔해 보인다. 시장 전체주의 사회.

반면 유목민의 삶으로 표현되는 매끄러운 표면은 어디로 갈지 알 수 없는 공간이다. 그 공간에서 삶의 주체들은 자신이 원하는 방향으로 어디든 갈 수 있을 것이다. 그리고 원하는 곳에서 머무를 수 있을 것이다. 스스로 선택한 곳에서. 나는 이런 공간이 민주주의의 세계라고 생각한다. 지금 열린 광장에서 직접 집회 신고를 해서 집회도 열어 보고, 학교에서 자신의 생활을 개선하기 위해 실제로 노력하는 것이 가능한 세계 말이다.

지금 민주시민교육과 광장 민주주의가 할 일도 알 수 있을 것 같다. 파인 홈을 지우는 일, 표면을 매끄럽게 하려는 노력이다. 능력주의를 기반으로 하는 경쟁 중심의 사회만이 길이 아니라는 것을 알게 하는 것. 만인 대 만인의 투쟁으로 기억되는 홉스의 '사회계약론'이나 생존을 위한 무한 경쟁을 옹호하는 스펜서의 '사회진화론'만 배우지 말아야 한다는 것이다. 크로포트킨의 '상호부조론'도, 루소의 '사회계약론'도, 소로우의 '시민불복종'도, 마르크스의 '자본론'도 배워야 한다는 것이다. 낮은 곳을 높이면 평평해진다. 매끄러워진다. 그렇게 파인 홈을 지워야 한다.

또는 비판 능력을 토대로 무엇이 자기 생각이고 무엇이 자기 생각이 아닌지 구별하여 파인 홈을 스스로 지울 수도 있다. 그러려면 자기 생각대로 실천해 보고 실패할 수 있는 기회가 제공되어야 한다. 그리고 다시 일어설 기회를 주어야 한다. 그 실천 방법으로 나는 '비경쟁독서토론'을 선택했다. 경쟁하지 않고 서로의 생각을 교환하며 책 읽기의 깊이를 더해 가는 토론을 통해 스스로 민주적인 방식을 찾아가는 것이다. 실제 비경쟁독서토론에서는 질문을 정하는 방식을 다수결이나 만장일치 등으로 정해 놓지 않는다. 다만 다수결은 서로를 설득할 수 없는 무능력함을 증명하는 것일 수 있다고 이야기한다. 뽑기를 하든, 여러 질문을 합치든, 새로운 질문을 만들든 그건 모두 참여자들의 몫이 되는 것이다. 토론이 산으로(?) 가는 것도 괜찮다. 물론 스스로 참여하지 않는 것을 선택할 권리도 보장되어야 한다.

학교와 사회 모두 누군가가 생각하는 한 가지의 민주주의로 가는 것은 파인 홈을 따라 가는 것일 뿐이다. 파인 홈을 놔두고 자율성을 아무리 보장해 봐야 민주 사회가 오지 않는다. 민주적이지 않은 것들을 찾아 지워 가는 것이 중요하다. 신분제를 지우고, 봉건제를 지우고, 독재를 지우는 것이 민주화의 역사였다. 이제 가부장제를, 성차별주의를, 나이주의를, 신자유주의를, 자본주의를 지울 차례다. 페미니즘을 채우고, 학생인권을 채우고, 복지와 민주주의를 채울 차례다.

민주시민교육을 그만두는 것이
가장 민주적이다

―

호야 청소년활동가 neojacobin@naver.com

'어린년'으로 살기가 영 녹록지 않습니다.

나는 2015년 2월부터 12월까지 경기 수원시 민주시민교육협의회 '빛길'이라는 단체에서 코디로 활동했다. 빛길은 학교 민주시민교육에 대한 고민을 지역 사회와 함께 풀어 가고자 2013년 10월에 구성된 조직으로, 수원 지역 15개 시민단체와 수원시교육청의 협력을 바탕으로 학교 민주시민교육을 지원하는 활동을 해 왔다. 2015년 3월부터 그해 말까지 빛길은 지역 사회와 학교의 연계를 위해 2개 학교에 민주 시민 동아리를 만들어 운영했다. 나는 이 중 1개 학교의 동아리 활동에 함께하며 단체들이 진행하는 교육을 모니터링하고 학생들의 요구를 빛길에 전달하는 일종의 소통책, 코디네이터 역할을 맡았다.

내가 들어간 학교의 빛길 동아리 운영 계획표

동아리 전체 일정		
회차	프로그램	담당
1	담당 교사, 코디와의 오리엔테이션	담당 교사, 코디
2	강의 1. 니가 진짜로 원하는 게 뭐야 - 나는 내 삶의 주인인가	YMCA
3	청소년의 눈으로 바라보는 '시민'	담당 교사, 코디
4	강의 2. 민주적 토론과 회의 I - 우리가 만드는 소풍	YWCA, 인권교육 온다
5	강의 3. 민주적 토론과 회의 II - 우리가 만드는 소풍	
6	동아리 소풍 준비	담당 교사, 코디
7	강의 4. 동아리 소풍	YWCA, 인권교육 온다

	여름 방학	
8	2학기 오리엔테이션	담당 교사, 코디
9	강의 5. 청소년인권	인권교육 온다
10	책 이야기 나누기 : 《십 대 밑바닥 노동》	담당 교사, 코디
11	강의 6. 명사 초청 특강 '노동자'	기획단 섭외(청년유니온)
12	강의 7. 마을 탐방 1	수원여성회
13	강의 8. 마을 탐방 2	
14	강의 9. 마을 탐방 3	
15	강의 10. 지방자치와 청소년 - 주민참여예산	KYC
16	사회 이슈 쟁점 토론	담당 교사, 코디
17	강의 11. 에너지 정의	환경운동연합
18	강의 12. 언론, 미디어, 소셜미디어 비판적으로 바라보기	KYC
19	동아리 마무리	담당 교사, 코디

    2014년부터 빛길은 내부 워크숍 등을 통해 민주시민교육의 키워드 — 민주주의, 평화, 인권, 의사소통, 함께하는 삶 — 를 정리하고 그것을 바탕으로 민주 시민 동아리 강좌 커리큘럼을 만들었다. 그 커리큘럼과 교육 내용은 각 단체가 다루는 의제로 구성되어 있으며, 그것을 바탕으로 2015년 상·하반기에 걸쳐 각 단체가 돌아가며 강의나 체험 활동을 진행하는 것이 이 동아리 운영의 핵심이었다. 이렇게 보면 굉장히 좋아 보일 수도 있겠으나 나는 빛길의 동아리 운영에 함께하며 이 민주시민교육 프로그램과 민주시민교육 자체에 대한 아쉬움을 지울 수가 없었다.

빛길이 보여 준 민주시민교육의 한계

사실 빛길의 교육을 민주시민교육이라 부를 수 있을까 하는 의문부터 들기는 한다. 왜냐하면 빛길 구성원들은 민주 시민이 무엇인지 함께 논의를 거쳐 정의해 낸 바가 없기 때문이다. 엄밀히 말하면 이 교육은 빛길에 소속된 각 단체들이 자신들의 주요 의제로 1~3회 정도의 교육을 기획하고 진행하는 것에 민주시민교육이라는 이름을 붙인 것이다. 운영 계획표에서 전체적인 흐름이 잡히지 않는 것도 그래서다. 위 계획표 중 강의 파트의 내용은 내가 코디로 들어가기 전에 이미 짜여 있었다. 초안에서 다시 조율을 거쳐 완성하기는 했으나 순서나 일정 정도만이 바뀌었을 뿐이다.

이 동아리는 정규 시간 외에 학생들이 따로 시간을 내서 참여하는 자율 동아리였기 때문에 학생들의 일정상 1시간가량의 짧은 시간 동안 진행될 수밖에 없었는데, 그러다 보니 교육이 매우 빠르게 압축적으로 진행되었다. 그럼에도 학생들은 '왜 내가 굳이 내 시간 내서 7교시 도덕 수업을 하나 더 해야 하냐'는 식의 불만을 종종 얘기했다. 이는 빛길이 동아리 운영 계획을 짜는 과정에서 학생의 의견을 묻지 않은 것의 한계, 정규 교육 시간 외의 시간을 쥐어짜내야만 이런 활동을 할 수 있는 현실의 한계일 것이다.

내용이 충분히 전달되기 어렵다면 최소한 강사들에게서 어떤 공통된 '민주 시민적' 관점이라도 드러냈어야 할 테지만, 각 단체가 진행하는 교육은 빛길 내부의 점검을 딱히 거치지 않은 채로 진행되었다. 그야말로 제각각의 주제와 방식, 태도였다. 코디와 해당 강의의 진행자가 차시마다 평가서를 쓰고 공유하기는 하지만 회의 자리에서 같이 읽거나 이야기되지 않았다. 민주시민교육을 하겠다는 건지 학교에 들어가서 청소년과 만나겠다는 건지 목표마저도 불분명했다. 오직 뭔가 했고 청소년을 만났다는 데에서 보람을 느꼈던 것일까. 이런 졸속 운영에도 불구하고 (빛길 안에서 유일하게 매 차시 학교 현장을 모니터링했던) 나도 모르는 사이 빛길은 지역의 시민단체와 지역 교육청, 학교라는 세 주체가 협력하여 민주시민교육을 해내고 있는 '사례'로서 민주시민교육 단체와 연구자들 사이에서 촉망받고 있었다.

이것은 누구의 욕망인가?

비단 나만 힘들었던 것이 아니라 현장에 있던 학생들과 담당 교사 또한 이 지난한 동아리 운영 과정 속에서 많은 고민을 했을 것이다. 이게 정말 교육적인지, 당장 내일의 동아리 활동은 얼마나 재미있을지, 재미없다면 어떤 식으로 빠져나올 수 있을지와 같은 고민 말이다. 문제는 현장에 빛길이나 교육청의 존재감은 미미했지만 커리큘럼 결정권 등 대부분의 권한은 현장에 없는 그들에게 있었다는 것이다. 빛길이 동아리 코디를 둔 것은 현장의 욕구를 알아내어 반영하기 위함이었다. 하지만 실상 미리 짜인 커리큘럼을 바탕으로 교육을 진행하는 상황에서 현장의 욕구가 반영될 여지는 너무나 적었다. 이 권한의 차이, 현장에서 만나는 실질 주체들에게 오히려 권한이 없는 모순은 자연히 비민주성을 만들었다.

동아리 담당 교사에게서 빛길 이전의 동아리 운영에 대한 이야기를 들은 적이 있다. 전에는 독서 동아리를 운영했는데 교사의 제안으로 시작해 자유롭게 살아가는 이야기나 고민을 나누는 모임으로 이어지다가 나중에는 학생들의 제안으로 독서 동아리로 방향을 잡아 나갔다고 했다. 빛길이 운영했던 동아리와 가장 비교되는 건 당시에는 '학생들이' 필요할 때 담당 교사를 불렀으나, 지금은 '담당 교사가' 학생들을 빠지지 말고 오라고 부르고 있다는 것이었다. 이 이야기를 듣고 나는 학생들과 담당 교사에게 너무 죄송했다. 구성원들의 자율성이 꽤나 존중되던 동아리에 민주시민교육 단체가 들어와 무슨 짓을 한 건가.

예산, 강의의 흐름과 배치, 강사의 일정 등을 모두 대략적으로 결정한 틀을 가지고 학교에 가서 "여러분은 어떤 강의를 원하나요?"라고 묻는다 한들 얼마나 많은 구성원의 욕구를 실제로 반영할 수 있을까. 혹 전체 커리큘럼이 구성원들의 욕구를 아예 배반할 때 그것을 뒤엎고 새로운 활동을 기획하는 것도 어려울 게 불 보듯 뻔하다. 학생들은 분명 의견을 내 왔다. 재미있고 몸을 많이 움직이며 자신들이 주로 얘기할 수 있는 활동을 원한다고. 하지만 그런 의견을 반영할 수 있는 틈과 역량이 빛길에게는 없었다. 학생들이 주체적으로 의견을 내더라도 그것이 적극적으로 반영되지 않는 현실은 그들이 민주주의라는 제도에 대한 효용감을 얻을 수 없게 한다. 이때 민주시민교육으로 전하려는 이야기와 실제 행동은 따로 놀게 되고 민주주의는 그야말로 허울뿐인 말로 남는다. 학생·청소년의 동아리에서 그들의 욕구보다 비청소년들의 욕구가 중심이 될 때, 동아리는 학생·청소년의 자율적인 모임이 아니라 비청소년을 위한 실험의 장으로서 기능하게 된다. 자연히 학생들은 동아리 운영의 주체가 아닌 대상으로

격하된다. 학생들의 욕망은 설 자리를 잃고, 욕망과 함께 사라진 자율성의 자리는 담당 교사의 '빠지면 안 된다'는 압박이 메운다.

나는 빛길의 동아리 운영을 통틀어 자신의 욕구를 배반하는 동아리 활동을 하지 않고 도망간 학생들이 가장 민주 시민의 모습에 가까웠다고 생각한다. 도망가는 것은 언뜻 보면 일탈적으로 보이지만 이것은 학생·청소년의 일상적인 권한 없음 상태에서 비롯되는 모순일 뿐, 그들은 활동에 대한 자기 결정권을 잘 발휘한 것뿐이다. 청소년도 비청소년처럼 스스로 원하는 활동을 선택할 수 있는 주체로 인정된다면 '도망'이라고 불리지 않는 훨씬 고고한 방식으로 참여하지 않을 수 있었을 테고 말이다. 활자가 아닌 현실에서의 민주주의는 이처럼 비청소년의 눈에 결코 바람직하지만은 않게 발현되기도 한다. 민주시민교육은 이를 인정하고 보다 적극적으로 청소년의 선택을 지지할 준비가 되어 있는가? 또 실제로 그렇게 진행되는가? '민주시민'이라는 단어에 사람들은 어떤 이미지를 불어넣고 있으며 그것은 누구의 기준으로 짜인 것인지 되짚어 보아야 한다. 혹시 그 '시민'의 범주 안에 청소년은 없는 게 아닌지.

민주주의를 실험한다?

많은 비청소년들이 학교에서 민주주의를 실험하고 싶어 한다. 민주주의는 유보해 두었다가 보강해서 사용할 수 있는 도구가 아니라 지금, 여기에서 각 주체들의 상호 작용으로 이루어지는 실천적인 것임에도. 청소년에게 어떤 장을 마련해 주면 그들이 스스로, 주체적으로 생각하고 말할 수 있을지 고민한다. 청소년은 언제나 지금, 여기의 주체이자 시민으로 존재하지만 비청소년이 그들을 비주체로, 교육의 대상으로 인식하고 있는데도. 민주주의가 짓밟히는 사회를 개탄하기도 한다. 학교에서 가장 적은 권한을 가진 학생의 인권에는 무심하면서도.

그래서 나는 의아하다. 민주주의를 원하고 학생·청소년과 동등한 주체로서 만나기를 원한다면, 그들을 교육하는 게 아니라 비청소년 스스로의 시선을 돌아보고 점검해야 하지 않을까. 민주주의가 무엇인지, 성숙한 시민으로서의 참여가 어떤 것인지 가르치겠다면서 왜 도망가는 학생이나 수업에 집중하지 않는 학생을 보면 짜증이 솟구치는지, 말 잘 듣는 학생을 선호하게 되는지 자기반성부터 해 보는 것이다. 대체 왜 민주주의를 말하면서 학생들이 교육을 들을지 말지 스스로 판단하는 민주주의는 누리지 못하게 하는지 말이다. 이런 자각 없이 그저 청소년에게 민주주의를 알려 주려는 마음만 앞선다면 민주주의는 살아 움직이는 삶의 양식으로 존재하지 못한 채 어떠한 답으로 고정되고 변질될 것이다. 그 어떤 효용감도 남기지 못한 채로.

청소년을 민주 사회의 주체로 양성한다면서 비청소년이 주도하여 진행하는 교육이 많다. 이때 청소년들에게 원하는 주장을 해 보라고, 바뀌었으면 하는 것을 말해 보라고 하면 왕왕 '쓰레기 줍기'나 '금연 캠페인', '깨끗한 동네' 같은 것들이 나온다. 나는 이것이 비청소년 중심으로 만들어진 교육의 한계이자 실패를 보여 주는 지표라고 생각한다. 물론 청소년도 깨끗한 동네와 원치 않는 간접흡연을 당하지 않기를 욕망하고 주장할 수야 있다. 하지만 비중을 따진다면 훨씬 스스로의 삶과 밀접하고 간절한 욕망이 있을 법하다. 그 밀접함과 간절함을 밀어내고 이 같은 대답이 튀어나오는 이유는 무엇일까? 나는 청소년이 비청소년과의 논쟁을 피하기 위해 적당히 비정치적이면서도 삶과 연관된 주제를 채택하는 게 아닌가 생각한다. 주체적으로 해 보라고 한다고 청소년이 비청소년과 동등한 주체, 시민으로서 인정되는 것은 아니다. 어디까지나 그들은 "해 봐라" 소리를 듣는 위치를 벗어나지 못한다. 이때 그들은 주도하는 비청소년의 시선 안에서 적당히 뭔가를 해내고 비위를 맞춰 주는 역할을 갖는다. 비청소년이 그렇게 의도하지 않았다 할지라도 말이다. 그래서 "뭐든 주체적으로 해 봐라! 자유롭게! 다 지지한다"라는 비청소년의 외침은 너무나도 기만적이고 공허하다. 마치 '오빠가 허락한 페미니즘'처럼 청소년은 '비청소년이 허락한 참여', '비청소년이 허락한 주체성'의 틀에 붙잡히는 것이다. 그 틀을 깨기 위해서 청소년에게 무언가를 더 교육해야 하는 것은 결코 아니다. 그들이 문제인 것이 아니라 그들을 교육의 대상으로 보는 시선을 돌아보지 못하는 비청소년이 문제다.

나는 민주시민교육이 별개의 교육과정으로 존재하지 않더라도 학교를 비롯한 사회에서의 일상이 청소년을 동등한 주체로 인정하여 구성되는 것만으로 충분히 이루어질 수 있다고 생각한다. 민주주의는 전달하는 내용에서 획득되는 것이 아니다. 내용이 이야기되는 과정에서부터 민주주의는 작동한다. 세월호를 추모하라며 학생에게 노란 리본 달기를 강제하는 학교와 노란 리본을 단 학생에게 벌을 주는 학교 그 어느 쪽도 민주적이지 않다. 민주주의는 '답정너(답은 정해져 있고 너는 대답만 하면 돼)'를 경계하는 사상이다. 한 조직, 사회를 구성하는 존재 자체가 있는 그대로 존중되고, 존재들의 의사가 충분히 이야기되며 결정 과정에 반영되는 것이 민주적인 게 아닐까. 민주주의는 민주주의가 무엇인지 알고 그에 따라 행동할 수 있는 사람들을 양성하는 것으로 발현되는 것이 아니라 지금, 여기의 각 주체들 사이에서 발현된다. 이것은 유보할 수도 실험할 수도 없는 속성의 것이다. 그렇기에 나는 민주시민교육의 필요성을 느끼는 사람들이 학생들을 교육하기를 관두고 잠시 생각해 보기를 바란다. 어린 사람부터 미리미리 교육을 해야 올바른 시민으로 양성된다는 허황된 믿음의 출처는 무엇인지. 혹시 어린 사람들을 지금, 여기를 살아가는 동등한 시민으로 보지 않고 백지장 같은 존재, 교육으로 쉽게 변화시킬 수 있는 존재로 여기기에 그렇게 생각하는 건 아닌지. 학생의 권한, 권력, 권리가 충분히 보장되지 않는 현실이 학교 민주주의를 가로막는 가장 큰 장애물은 아닌지. 그렇다면 필요한 것은 그들에 대한 교육이 아니라 그들에 대한 보다 적극적인 인정과 지지가 아닌지 말이다. 나는 청소년인권에 대한 고찰 없이 민주시민교육을 계속하는 것은 민주주의에 대한 몰이해이자 삽질이라고 생각한다.

민주시민교육을 그만두는 것이 가장 민주적이다

경기도교육청에서는 2013년에 《더불어 사는 민주 시민》 교과서를 발간했고, 2015년에는 학교의 민주시민교육을 활성화하는 학교민주시민교육진흥조례가 통과되었다. 나는 민주시민교육을 하나의 교과목으로 만들고 교과서를 확대 배포하는 것에 반대한다. 그로 인해 학생에게 학습 부담만 늘어나는 결과를 초래하지 않기 위해서는 학생이라는 존재와 그들의 권리를 어떻게 생각하고 있는지에 대한 점검이 우선이다. 오히려 역으로 청소년단체, 청소년활동가가 교사와 비청소년 시민단체를 대상으로 청소년인권교육을 할 수 있게 지원하는 것은 어떨까? 학교 민주주의를 위해서는 보다 적극적으로 학생들이 권한, 권리 그리고 권력을 회복할 수 있도록 도와야 하니 말이다. 굳이 먼 길 돌아갈 필요는 없다. 가장 작은 목소리를 가진 주체가 누구인지 뻔히 보이지 않나.

우리는 어떤 목표를 달성하기 위해 늘 무언가를 '해야 한다'고 생각한다. '하는 것'에서 오는 바쁨과 성실함은 그 내용이 무엇이든 간에 대개 의미가 있다고 여겨지며, '하지 않음'은 불성실, 방임, 도피로 여겨진다. 그래서 가만히 있기를 부정하고 뭐든 해야 한다는 강박이 자리 잡는다. 하지만 하지 않는 것은 마냥 부정적인 가치인가? 하는 것이 과잉되어 있기 때문에 역으로 하지 않는 것이 중요한 의미를 갖기도 한다. '하지 않음'을 좀 있어 보이는(?) 말로 바꾸면 아마 '거부'일 것이다. 내가 활동하고 있는 '대학입시거부로 삶을 바꾸는 투명가방끈(투명가방끈)'은 매년 대학거부 선언을 하는 단체로, 획일적인 입시·경쟁 교육과 대학 중심적인 사회 문화, 학력·학벌 차별 등에 반대하고 있다. 이 반대를 말하기 위해 투명가방끈이 택하는 방법은 바로 입시와 대학을 거부 — 하지 않고, 관두고, 때려치우는 — 하는 것이다. 이때 거부는 '하지 않음'이 '함'과 동등한 위치에서 온전한 선택으로서 고려, 존중되지 못해 왔다는 것을 환기한다. 그리고 적극적으로 하지 않음을 택함으로써 '함'을 기준으로 한 기존의 틀을 흔든다. 마찬가지로 위에서 언급했던 '동아리 활동을 하지 않고 도망간 학생' 또한 하지 않는 것을 통해 이 활동이 누구의 욕망인지 질문을 던지고 민주 시민으로서의 자기 결정권을 회복한다. 나는 민주시민교육을 그만두는 것을 부정적으로 바라보지 않았으면 좋겠다. 빛길의 사례가 성과로서 회자되지 않고 사람들에게 어떤 절망을 안겨 주었으면 좋겠다. 누군가들의 절망으로 누군가들에게 행해지는 폭력 — 비민주적 교육, 청소년의 대상화, 어떻게 빠질까를 고뇌하는 시간들 — 을 막을 수 있다면 보다 충분히 절망해도 좋지 아니한가?

    동료 활동가 중 하나가 지금의 민주시민교육은 마치 시멘트 바닥에 씨를 뿌리고 있는 것 같다고 말했다. 그것을 누군가는 실험이라고 하지만, 씨앗에게는 하나뿐인 생명을 빼앗기는 폭력이다. 시멘트 바닥에 씨앗을 마구 뿌린 다음 그것이 싹을 틔워 균열을 내기를 염원하지 말고, 그냥 시멘트를 깨부수자. 청소년의 경험을 예비적인 것으로 취급하며 민주주의를 실험하지 말고 지금 여기서 함께 살아가는 동등한 시민이자 교육의 주체임을 인정하자. 그게 어떤 모습일지 감이 잘 안 잡힌다면 청소년운동을 하고 있는 단체들이 어떤 이야기를 하는지 귀를 기울여 보는 것도 방법일 테다.* 특별한 교육을 만들어 내지 말고 지금 학교의 비민주적 구조를 파괴-해체하려 노력하자. 이 '함'에서 의미 찾기를 그만두라. 민주시민교육을 그만두는 것이 가장 민주적이다.

---

* 청소년인권행동 아수나로에서 발행하는 청소년신문 〈요즘것들〉(yosm.asunaro.or.kr), 청소년활동기상청 활기에서 발간하는 청소년운동 소식지 〈활력소〉(hwalgy.tistory.com) 등의 매체를 추천한다.

당신은 나를 민주 시민으로
만들 수 없다

—

밀루 청소년인권행동 아수나로 milouolim@gmail.com

청소년인권행동 아수나로에서 반상근 활동을 하고 있다.

선거를 앞둘 때면 선거권 연령 논쟁과 맞물려 민주시민교육이 조명된다. 민주시민교육을 주장하는 사람들은 학생들에게 '정치적 중립'과 입시에 집중할 것을 요구하는 기성 교육 방식과 대조하며, 청소년들에게 정치와 민주주의에 대해 가르친다면 성숙한 시민으로 자라날 것이고 청년층의 정치 참여도 활발해질 것이라는 전망을 제시한다. 나 역시 일면 찬성하지만, 두 가지 이유로 고민스러웠다. 하나, 그 민주시민교육들이 '모의 투표', '모의 의회' 등 현실과는 한 발짝 거리를 둔 '예비 시민'으로서의 체험이 주를 이루고 있다는 점. 둘, 지금 한국 교육이 애초에 민주주의를 가르칠 수 있는 구조인가 하는 의문.

불안하고 어색했던 민주시민교육의 경험

나는 5.18민주화운동의 고장 광주에서 살아왔다. 당연히 5.18에 대한 교육과 행사가 일상에 가깝다. 그리고 그중에는 학생/청소년을 대상으로 삼는 교육이 많으며 그것들은 대개 민주시민교육이라 할 수 있을 것이다. 그런데 사실, 나는 가끔 그것들이 진절머리가 난다.

몇 해 전 5월, 친구와 함께 5.18 고등학생 토론 대회에 참여했을 때의 일이다. (당시 고등학생이 아니었지만, 같은 나이의 청소년도 참여할 수 있었다.) 행사 일정 중 민주 묘지 참배가 있었다. '묘지 참배'라는 추모 방식을 선호하지는 않는 편이었지만 어쨌든 일정 중의 하나이니까 따라갔다. 그런데 뭔가 이상했다. 입구에서 네 줄 서기를 시키고 그대로 걷게 할 때부터였다. 물론 그것은 학교에서 익숙했던 도보 양식이었지만 오랜 학교 밖 생활과 안티 질서 습성을 자랑하는 나와 친구는 일부러 줄을 삐뚜름하게 벗어나서 걸었다. 슬쩍 비튼 발걸음과 함께 그 후의 일정은 모두 엇나갔다.

    중앙 광장에 다다랐을 때 마이크를 들고 제복을 입은 직원이 똑똑 떨어지는 목소리로 우리에게 바른 줄서기를 지시했다. 헌화를 할 것이라는 어떤 예고도 없이 하얀 국화꽃이 하나씩 주어졌고, 마이크 목소리는 이어서 헌화 방식을 지시했다. 맨 첫 줄 왼쪽에 섰던 학생은 졸지에 시범 역할이 되어 지시에 따라 움직였다. 똑바로 줄을 선 채 한 사람씩 앞의 제단으로 나가 꽃을 놓고 인사를 한 후 자리로 돌아오면 그 다음 사람이 나가 반복하는 방식이었다. 한 사람 한 사람씩 지시에 따라 행동하는데 나는 차례가 다가올수록 불안해졌다. 꽃을 죽여서 한 번 사용하고 마는 헌화라는 추모 방식에 대해 고민이 되고, 더욱이 모두에게 똑같은 방식의 추모를 강요하는 것에 화가 났다. 예고되지 않았던 갑작스러운 상황이 감정을 격앙되게 하고 혼란스럽게 만들었다. 친구에게 나는 헌화를 하지 않을 거라고 말하고 줄을 벗어났다. 친구는 남았고, 헌화식은 문제없이 계속되었다.

    내색하지 않았지만 마음이 불안했다. 다른 학생들은 내가 왜 헌화를 거부했다고 생각할까? 일베 같은 애로 오해하지는 않을까? 함께 거부해 주지 않은 친구에게 서운한 마음까지 아주 조금 들었다. 며칠 전 친구를 다시 만나 그때 어땠느냐 물으니 "형식적이라고 생각했지만 거부할 생각은 미처 못 했고, 생각할 시간이 부족했다"라고 답했다. 당시, 무리에서 나왔지만 혼자 따로 떨어져 있는 것도 싫어서 '대학생 멘토'들이 모여 있는 곳으로 갔다. 멘토 한 명이 왜 헌화를 안 하느냐고 물었다. 어떻게 대답했는지 잘 기억나지 않지만 다시 돌아간다면 이렇게 대답할 것 같다. "왜 해야 하는데요?"

다음 사건은 그해 여름, 청소년 노동인권 캠프에서 있었던 일이다. 캠프 참가자는 주최 단체인 광주청소년노동인권네트워크 활동가와 특성화고 학생, 그리고 청소년운동활동가 세 부류였다. 나는 청소년활동가로 참여했다. 금남로 공원에서 피켓을 만들고 행진을 하는 일정이 있었다. 그런데 행진을 시작하기 전 누군가의 제안이었는지 원래 계획이었는지 네트워크 활동가가 공원을 향해 구호를 외치자고 말했다. 대략 이런 구호들이었다. "근로계약서 써 볼게요." "최저임금 달라고 말할게요." "시키는 대로만 일하지 않을게요." "근로기준법 함께 지켜요."

한 청소년활동가는 하지 않겠다며 무리에서 빠져나와 구호를 외치지 않았다. 그때 함께 있었던 다른 청소년활동가 친구는 후에 당시를 떠올리며 '아차 싶었다'라고 말했다. 당시에 나는 구호 외치기를 거부했을 때 네트워크 활동가들이 당황하거나 좌절할까 봐 걱정했던 것 같다. 구호가 뭔가 이상하다는 생각은 들었지만 확고한 내 생각이 있지는 않은 상태였다. 다른 활동가가 거부하니 '저렇게 해야 하는 건가?' 하고 생각했다. 외치는 말은 시키는 대로만 일하지 않겠다는 주체적인 내용이었지만, 구호를 외친 전후의 심정은 생각을 정리할 겨를도 없이 어쩔 줄 몰라 하며 눈치를 보는 것이었다.

지금 생각하면 그 구호는 청소년 노동자의 것이 아니었다. 구호를 고안하는 과정에 청소년 노동자가 어느 정도 참여했는지는 알 수 없다. 하지만 그건 청소년 노동자의 구호라기보다는 청소년에게 노동인권을 교육하는 사람들이 청소년 노동자의 입에서 나오기를 바라는 말에 가깝게 들렸다. 청소년 노동자라면 금남로, 충장로를 바글바글 메운 식당과 상점 앞에서, 어떻게든 알차게 부리고 임금은 적게 주려고 하는 점주나 관리자들에게 항의하고 분노하는 구호를 생각했을 것이다. 우리의 태도가 수동적이지는 않았는지 되돌아보며 앞으로는 주체적으로 노동권을 주장하겠다고 다짐하는 구호는 자연스레 떠오를 법하지 않았다. 그리고 '혹시 근로계약서는 안 쓰나요?', '주휴 수당이 없으니 최저임금 미달 아닌가요?' 같은 소심한 의문 제기마저 곧 해고 통보로 돌아오는 청소년 노동자들의 현실에 비추어 볼 때 부적절하기도 했다.

캠프 중 각자의 활동 발표 시간, 특성화고 교사인 한 네트워크 활동가가 자신이 운영하는 학생 동아리가 노동권 피켓 시위를 하는 모습의 사진을 보여 주며 학생들이 적극적이지 않아 아쉽다고 말했다. 그분의 좌절이 안타까웠지만, 한편으로는 왠지 사진 속 무덤덤한 표정의 학생들의 마음을 조금은 알 것도 같았다.

반성, 그리고 하고 싶은 말은

스스로 반성하는 점은, 이러한 활동을 준비하고 주최했던 사람들에게 이러한 의문과 불편함을 전달하고 이야기 나누지 못했던 것이다. 이 글은 원래 《오늘의 교육》(2016년 5·6월호)에 실렸던 글이다.

'민주시민교육을 받은 경험'이라는 주제를 듣고 자연히 두 사례를 떠올리게 되었지만, 이 글을 쓰기 전에도 쓴 후에도 직접 글을 전달하거나, 터놓고 이야기하기를 시도한 적이 없었다.

이 책에 싣기 위해 글을 다시 검토하면서 자책하는 마음이 먼저 들었다. 그 다음에는 그때의 나는 왜 아무 말도 하지 못했을까 돌이켜 생각해 보았다. 어찌 보면 비겁한 말이지만, 나는 두려웠다. 다른 사람들은 별 말 않는데, 혼자 적응하지 못하고 별종처럼 구는 것으로 보이는 게 두려웠다. 비청소년(어른)에게 비판적인 의견을 개진하는 것이 몹시 조심스러웠다. 학교를 그만둔 게 무색하게도, 나는 학교 바깥의 관계에서도 자꾸만 학교 선생님과 학생의 관계를 연상하며 위축되고 있었다. 비이성적인 생각이지만, 나는 여전히 내가 얌전하게 있지 않고 유별난 행동을 하면 누군가 소리쳐 혼을 내거나 뒤통수를 후려칠 것 같은 불안감이 든다. 《오늘의 교육》에 실린 여러 글들을 봐도 그렇지 않은 교사들이 많고, 학생들과 평등한 관계를 만들기 위해 현장에서 실천하고 있는 교사들이 분명히 있는데도, 오랫동안 움츠리고 지레 겁부터 먹었던 근육이 쉽사리 이완되지 않는다.

인권교육에서 적극적인 참여를 이끌어 내기 위해 취하는 방법 중 '전문성 부여하기'가 있다. 문제의 답이 무엇인지 맞히라는 질문 대신, 'ㅇㅇ한 고민을 가진 사람에게 조언해 달라'와 같이 참여자에게 전문가의 위치를 부여하고 교육 진행자가 조언을 구하는 입장을 대변하며 활발한 토론을 이끌어 내는 것이다. 이때 신기한 점은, 참여자가 고민에 대해 어떤 전문적인 지식이나 깊은 고민을 평소에 하지 않고 있었을지라도 자신의 경험과 입장에 대입하며 생각하고 말하게 되는 것이다. 하물며 자신의 일상과 관련된 문제라면 더욱 생각이 바빠진다. 교육가가 미처 생각하지 못했던 답을 내놓기도 한다. 교육받는 이와 교육하는 이의 위치가 반전되고 흔들림으로써 풍부한 고민과 긴장감이 생긴다.

민주시민교육도 비슷하게 변주할 수 있지 않을까? 민주시민교육은 어쩌면 '민주시민교육'이라는 이름을 붙이지 않을 때 비로소 가능할지도 모른다. 일상에서부터 학생들이 문제의 원인이 아닌 문제를 정의하고 해결하는 주체로, 학교 문제/청소년 문제의 전문가의 위치에 서게 될 때 말이다.

이런 생각의 연장에서 보면 민주시민교육에는 근본적인 모순이 있다. 아직 민주 시민이 아닌 청소년이 있고, 그들을 교육해서 민주 시민으로 육성한다는 것인데, 이는 청소년을 문제의 원인으로 지목하는 것이다. 그러나 청소년을 둘러싼 삶의 조건을 돌아보고, 좁게는 가정과 학급에서 넓게는 국가의 선거 제도에서 박탈된 권리를 되찾으려는 청소년의 노력에 귀를 기울일 때 비로소 청소년의 삶에 민주주의가 찾아오지 않을까.

학교에 '진짜' 민주주의교육을 허하라

정은균 중등 교사 jek1015@hanmail.net

학생들을 만날 때 "학생은 민주주의 시민"임을 강조하는 국어 교사다. 학교가 민주주의의 산 교육장이라는 믿음을 갖고 책 읽기와 글쓰기의 현장 실천을 위해 나름 애쓰고 있다. 《학교 민주주의의 불한당들》, 《교사는 무엇으로 사는가》, 《시 공부의 모든 것》, 《국어와 문학 텍스트의 문체 연구》, 《한글 이야기》 등의 책을 냈다.

국가교육과정과 민주시민교육

〈초·중등학교 교육과정〉(시행 2017.3.1., 교육부 고시 제2017-108호)은 초·중등학교의 교육 목적과 교육 목표를 규정해 놓은 준법정문서다. 국가 최고 수준의 교육과정으로, 학교 교육과정의 공통적이고 일반적인 기준을 제시해 주면서 그 기조와 방향을 결정짓는 중요한 문서다.

교육과정에서는 교육과정 구성의 방향과 관련하여 '추구하는 인간상'을 '자주적인 사람', '창의적인 사람', '교양 있는 사람', '더불어 사는 사람' 등 네 가지로 제시해 놓고 있다. 이 글의 주제와 관련되는 '민주 시민'은 마지막 항목에 다음과 같은 구절 속에 등장한다.

> 공동체 의식을 가지고 세계와 소통하는 민주 시민으로서 배려와 나눔을 실천하는 더불어 사는 사람

현행 교육과정에서는 민주 시민이라는 인간상을 포함해 '추구하는 인간상'을 기르기 위해 교과 교육을 비롯한 학교교육 전 과정에서 중점적으로 기르고자 하는 핵심 역량을 다섯 가지로 규정하였다. 민주 시민이라는 인간상과 가장 밀접하게 관련되는 것으로 보이는 역량은 맨 마지막에 제시한 '공동체 역량'이다. 그것은 다음과 같이 규정되어 있다.

지역·국가·세계 공동체의 구성원에게 요구되는 가치와 태도를 가지고 공동체 발전에 적극적으로 참여하는 공동체 역량

민주 시민이라는 인간상과 이를 뒷받침하는 공동체 역량은 초·중·고등학교의 '학교 급별 교육 목표'에서도 비중 있게 다루어지고 있다. 이채로운 사실은 이때의 민주 시민 상이 공동체를 유지시키는 하나의 수단이자 공동체를 구성하는 도구적 요소처럼 다가온다는 점이다.

(가) 규칙과 질서를 지키고 협동정신을 바탕으로 서로 돕고 배려하는 태도를 기른다. (초등학교)
(나) 공동체 의식을 바탕으로 타인을 존중하고 서로 소통하는 민주 시민의 자질과 태도를 기른다. (중학교)
(다) 국가 공동체에 대한 책임감을 바탕으로 배려와 나눔을 실천하며 세계와 소통하는 민주 시민으로서의 자질과 태도를 기른다. (고등학교)

추구하는 인간상과 핵심 역량과 학교 급별 교육 목표에서 강조하는 것으로 부족하다고 여겼을까. 국가 수준 교육과정 입안자들은 아예 10개 범교과 학습 주제 중 하나로 민주시민교육을 지정해 교과와 창의적 체험 활동 등 교육 활동 전반에 걸쳐 관련 내용을 통합적으로 다루도록 하고 있다. 민주시민교육이라는 주제를 지역 사회나 가정과 연계하여 지도하라는 친절한 안내도 덧붙여 놓았다.

교육과정 입안자들은 교육과정이라는 존재 자체가 교육 목적과

교육 목표를 '달성'하는 데 중대한 구실을 한다고 여기는 것 같다. 마치 학교와 교사가 교육과정이 규정하고 안내해 놓은 대로 민주시민교육을 펼치면 타인을 존중하고 서로 소통하는 민주 시민을 길러 낼 수 있을 것처럼 말이다. 그럴까.

왜 학생들의 문제를 학생들이 결정할 수 없나

나는 올해 우리 학교 학생회 간부들과 학급 임원들을 대상으로 하는 '리더십 캠프 활동' 업무를 맡았다. 일명 '간부 수련회'라고도 불리는 리더십 캠프 활동은 해마다 여름 방학 즈음해 외부 수련 기관에서 1박 2일 일정으로 실시되어 왔다. 학생회 간부들과 학급 임원들의 리더십을 함양하고 민주 시민으로서의 소양을 기르기 위한 목적이 따라붙는다.

4월 초부터 활동 계획안을 입안해 학교운영위원회에 안건으로 상정하고, 외부 수련 기관을 선정하는 등의 준비 작업을 시작했다. 예년의 경우 캠프 활동은 전체적으로 위탁을 받은 수련 기관이 자체적으로 운영하는 프로그램과 일정에 따라 진행되었다. 나는 올해 활동 계획에 학교 자체 프로그램 하나를 마련해 포함시키고 싶었다.

6월 중순경 활동 프로그램과 캠프 진행 일정을 최종 결정하기 위해 교감, 학생부장과 더불어 간담회를 가졌다. 나는 흔히 교칙이라고 불리는 학교생활규정을 주제로 토론 프로그램을 진행하는 꼭지 하나를 넣자고 제안했다. 몇 년 전 전북교육청이 제시한, 인권 친화적인 학교생활규정안을 고려해 개정 필요성이 있는 항목들을 놓고 학생회

임원들이 토론을 진행하게 함으로써 학생들이 '우리' 문제를 직접 다루는 경험을 하게 해 주고 싶었다. 그 과정에서 학생들이 민주주의의 핵심인 참여와 숙의를 자연스럽게 체험할 수 있을 것 같았다.

우리 셋 사이에 프로그램 진행 취지에 대한 일정한 공감대가 형성되었다. 그런데 결과적으로 내 제안은 받아들여지지 않았다. 뒤늦게 자체 프로그램이 들어가 있는 것을 알게 된 교장이 이견을 제시했다. 학교생활규정 개정 필요성이 있다면, 새 학기에 규정 개정을 위한 전체적인 로드맵을 마련한 뒤 학교 내 의견을 수렴하는 일련의 과정을 거치는 방식으로 진행하자고 했다. 교장이 내놓은 제안이 개정 작업에 더 힘을 실어 줄 것 같기도 했다. 결국 전체 일정에서 자체 프로그램을 제외했다.

내심 아쉬운 지점도 없지 않았다. 학생회 간부나 학급 임원이라는 제한된 학생 주체들만 참여한다는 한계도 있었지만, 토론 활동이 민주시민교육의 한 장이 될 수 있으리라 생각했다. 학생들 모두에게 적용되는 학교생활규정이 다른 누군가가 아니라 바로 '우리' 자신의 문제임을 새삼 깨닫게 할 것이라는 점, '우리' 문제를 놓고 서로 미리 허심탄회하게 토론하는 과정에서 학생회 간부나 학급 임원으로서의 리더십이나 주인 의식을 자연스럽게 느낄 수 있다는 점 들을 기대했다.

그런데 교장은 불필요하게 조성될지 모르는 과열된 '분위기', 이를테면 토론 프로그램이 계기가 되어 학교생활규정을 학생들 마음대로 바꿀 수 있는 게 아니냐는 엉뚱한(?) 신호를 주는 것에 대해 우려하였다. 그럴 수 있었다. 또한 그 관점에서 달리 바라보면 전체적인 로드맵에 따라 규정 개정 작업을 진행하는 것이 더 실효성 있는 방안이 될 수도 있었다. 그럼에도 불구하고 나름 고심 끝에 추진한 자체 프로그램에서 목소리를 낼 수 있는 기회를 갖지 못한 것이 내내 아쉬웠다.

활자로만 남은 민주시민교육

장은주 영산대학교 철학과 교수는 근작 《시민교육이 희망이다》에서 민주시민교육을 세 가지 차원에서 규정했다. 교육과정Curriculum, 학교 문화Culture, 지역 사회Community가 그것이다. 장은주는 이 세 가지 차원 모두(3C)에서 학생들이 민주 시민으로 성장할 수 있게 하는 교육적 배려가 필요하다고 보았다.

백 퍼센트 동의한다. 민주시민교육을 펼치는 데 이론(지식 교육)보다 실제(삶, 일상)가 더 중요하게 보인다는 점에서 교육과정의 규정만으로 부족한 면이 분명 있다. 학교 문화와 지역 사회의 분위기가 민주시민교육의 실질화에 크게 기여할 것임은 의심의 여지가 없다.

지방 소도시에 있는 사립 중학교와 사립 고등학교에서 18년째 국어 교사로 일하고 있다. 그 사이 학교와 교실에서 '공식적으로' 민주시민교육을 표방한 교육 활동을 펼친 경험이 뚜렷이 기억나지 않는다. 오히려 교직원 모두가 모이는 전체 교무 회의 시간에 뜬금없이 민주시민교육을 놓고 격론이 벌어진다.

수업 방식이나 교육 활동에 대한 견해 차이로 교장이나 교감과 언쟁을 벌일 때 특히 그렇다. 가령 나는 그들이 내게 따지듯 말할 때 그들에게 교육 관계 법규와 국가 수준 교육과정이 규정하는 바에 따라 민주 시민을 양성하는 교육을 펼치고 있다고 주장한다. 내가 그렇게 말하고 나면 희한하게도(?) 대화가 더 진행되지 않는다. '민주 시민'이라는 말이 마치 논쟁의 여지가 없는 취향처럼 무엇인가를 일단락 짓는 말, 더는 문제 제기를 허락하지 않는 '마법어'가 된 것처럼 말이다.

오늘날 학교 안팎을 둘러보면 민주시민교육이 부동의 정답이나 확고부동하고 지고지순한 교육 목표처럼 정해져 있는 듯하다. 그러나 민주시민교육에 적극적으로 동의하고 실천을 위해 노력하는 사람은 그다지 많지 않은 것 같다. 누군가에게는 교육과정 속 활자로만, 또 다른 누군가에게는 추상의 세계에 있는 이상적인 관념의 형태로만 존재한다. 요컨대 모두가 '이상'으로서의 민주 시민을 말하지만 누구도 '현실'의 민주 시민이 되고 싶어 하지 않는다.

무엇보다 민주시민교육을 명목으로 표방한 가시적인 실천 활동을 찾아보기 어렵다. 학교 차원에서 교사들에게 "이번 주 ○요일 ○교시에는 민주시민교육을 실시해 주십시오"라며 정식으로 요청을 받은 기억이 없다. "오늘 ○교시에 실시하는 수업은 민주시민교육으로 실시해야 합니다"라며 안내를 받거나 안내한 경험이 없다.

일반적인 학교에서 민주시민교육의 명목이나 실질에 가장 가까워 보이는 학급 회의는 거의 사라졌거나, 실시하더라도 유명무실하게 진행된다. '인사 잘하기', '교실 학습 분위기 조성 방안' 들과 같이 학생을 대상화한 상투적인 문제들이 회의 안건으로 오른다. 그마저 학교가 일방적으로 정해 놓은 것들이어서 학생들이 회의에 자발적으로 참여하여 밀도 있는 토론을 진행하기 힘들다. 회의에서 재미와 흥미를 느끼기도 어렵다. 학생들이 학급 회의에서 직간접적으로 경험하는 것은 기껏 형식적인 거수투표나 다수결이다. 그렇게 회의에 참여했다는 것만으로도 의미가 있다고 말할 수 있을까.

교사들 역시 학생들의 처지와 비슷하다. 학교와 교실에서 민주시민교육이라는 제일 책무를 갖는 주체가 교사 집단이다. 교사 집단이 그러한 위상과 구실에 걸맞게 민주시민교육에 대한 의지를 갖고 있는지 의심스러울 때가 많다. 학교 안팎에서 민주 시민으로서 갖추어야 할 소양과 태도로 무장하고 그에 걸맞게 살아가고 있는지도 확신하기 힘들다. 학교 민주주의의 바로미터라 할 수 있는 교무 회의 풍경을 그려 보면 선뜻 '그렇다'는 대답을 내놓기 힘들 것 같다. 일방적인 명령과 지시만 있는 교무 회의에서 교사들은 '타자'로 대상화한다.

민주시민교육은 민주 시민을 길러 낼 수 있는가

더 크고 본질적인 문제는 민주시민교육이 민주 시민을 길러 낼 수 있는가 하는 것이다. 법'교육'을 받는다고 모두가 법 전문가가 될 수 없다. 국어 시간에 진정성 있게 문학 작품을 감상했다고 해서 문학에 대해 더 깊이 있게 이해하고 비평할 수 있는 감각이 길러지지 않는다. 요컨대 우리는 민주시민'교육'을 통해서가 아니라 학교의 일상적인 삶 속에서 민주 시민처럼 살아가는 '경험'을 통해 민주 시민이 되는 게 아니냐는 것이다.

기본적인 환경은 어느 정도 마련되어 있는 것 같다. 오늘날 우리나라 학교의 민주주의 수준은 어느 정도일까. 2015년 경기도교육청이 경기도 전역을 A권역과 B권역으로 나누어 '학교 민주주의 지수'를 조사한 사례를 통해 이 문제를 알아보자.

경기도교육청은 2015년 한 해 동안 경기도 내 전체 지역 학생과 학부모와 교원 37만여 명을 대상으로 조사했다. 질적·정성적 차원에서 볼 수밖에 없는 민주주의를 정량적인 숫자로 표시하려는 시도가 꽤 흥미롭게 다가왔다. 조사 결과 경기도의 학교 민주주의 지수는 '71.4점'으로 나왔다. 나는 개인적으로 점수가 조금 높게 나왔다고 느꼈다. 교장 1인에 의한 전제적인 통치 시스템이나 교실과 교무실에 널리 퍼져 있는 비(반)민주적인 회의 문화 등을 고려할 때 특히 더 그러하였다.

그렇게 미심쩍어하면서도 나머지 '28.6점'을 없앨 수 있는 방법이 무엇일까 생각해 보았다. 경기도교육청에서 학교 민주주의 지수 개발 방향이나 기본 원칙과 관련하여 초점을 맞춘 지점은 "학교의 민주적 재구조화"였다. 이를 바탕으로 학교에서 중요하게 고려해야 할 가치와 원칙은 '인권', '자기-지배', '삶의 양식으로서의 민주주의' 등 세 가지였다. 이들 세 가지를 관통하는 특별한 키워드가 있을까.

나는 학교를 민주적으로 재구조화하기 위한 민주시민교육을 실시하는 데 특별한 비법이나 원칙이 있다고 생각하지 않는다. 기본적으로 민주시민교육과 관련한 지식 교육이 어느 정도 필요할 것 같다. 다만 그 전에 학교 구성원들이 학교 내 다양한 의사소통의 장에서 각자의 목소리를 그들 고유의 언어로 표현할 수 있는 경험을 충분히 갖는 것이 중요하다고 본다. 그렇게 될 때 구성원 각자의 자존감이나 자기 효능감이 커지면서 학교가 실질적인 민주주의가 펼쳐지는 역동의 공간이 될 수 있기 때문이다.

이와 관련되는 구체적인 근거도 있다. 가령 교사들은 의사 결정 참여도가 낮은 학교에서보다 높은 학교에서 수업 몰입도나 직무 몰입도가 높다. 서울시교육청 교육연구정보원이 2015년 12월 3일 발간한 《학교장의 민주적 의사 결정 방식과 교사의 직무 몰입 간의 관계》 보고서에 따르면 교사들이 의사 결정에 많이 참여하는 학교에서는 교사의 수업 몰입 수준이 35.3%로 조사됐다. 반면 교사들의 의사 결정 참여도가 낮은 학교는 수업 몰입도가 16.7%로 절반에도 미치지 못했다. 직무 몰입 수준 역시 일반 교사들이 학교 교육과정을 구성하는 데 더 많이 참여하는 학교일수록 높게 나타났다.

학교 민주주의, 평등한 참여와 소통에 있다

나는 학교 민주주의의 알파와 오메가가 구성원들의 평등한 참여와 소통에 있다고 본다. 그러나 오늘날 학교는 지나치게 비대한 학교장의 권한 아래 굴러간다. 학교의 의사 결정 시스템이 '교장 왕국'처럼 운영되고 있어 학생과 교사가 자기 목소리를 제대로 내기 힘들다. 교장 1인이 결정을 내리고 책임은 모두에게 분산시키는 왜곡된 구조가 수십 년간 지속되고 있다. 학교 구성원 모두가 의사 결정 과정에 참여하고 함께 책임을 지는 시스템으로 바꾸지 않으면 안 된다.

앞서 살핀 교사들의 높은 수업 몰입도나 직무 몰입도는 그대로 전문가적인 교사 역량의 토대가 된다. 교사의 자기 주도성과 목소리와 지도력이 클 때 그들의 전문가적인 감각과 역량이 늘어난다. 이른바 교사의 자기 효능감이다. 이렇게 교사가 자기 효능감에 대한 믿음이 클수록 학생들의 학업 성취도도 높아진다. 민주시민교육이 일상적으로 이루어지고, 민주적인 의사 결정 시스템이 학교 문화의 기반을 이루는 학교에서 교사와 학생들이 만들어 가는 학교교육의 질과 수준이 높아지는 것이다.

참여와 소통을 통한 학교 민주주의는, 학교를 민주주의의 산 교육장으로 본 존 듀이의 입론과도 상통한다. 듀이는 《민주주의와 교육》에서 민주주의가 하나의 정치 형태만이 아니라 보다 근본적으로 함께 결합하여 사는 삶의 한 양식이자 경험을 전달하고 공유하는 방식이라고 규정했다. 그렇게 동일한 관심사에 참여하는 개인들의 수가 점점 넓게 확대되면서 각 개인이 자신의 행동을 다른 사람들의 행동과 연관을 짓고, 다른 사람의 행동을 고려하여 자신의 행동 방향을 결정하게 될 때 민주주의를 가로막고 방해하는 온갖 요소들로부터 자유로워질 수 있다고 보았다.

나는 민주시민교육이 교실에서의 '수업'이 아니라 학교생활 그 자체를 통해서 이루어져야 한다고 주장하고 싶다. 민주주의가 단순히 '교육'의 대상이 아니라 학교에서 살아가는 모든 이들에게 "삶의 한 양식"이 되어야 한다는 것이다. 그럴 때 학교 내 의사 결정 시스템이나 지배(통치)의 민주성뿐 아니라 학교 안에서 이루어지는 모든 교육과정과 생활의 민주성이 민주시민교육의 중요한 요소로 인식될 수 있다.

민주주의에 터 잡은 학교 문화가 중요한 이유가 여기에 있다. 학교

문화는 '잠재적 교육과정'의 하나로서, 그 어떤 제도나 정책보다 학교의 '색깔'과 학교 구성원들의 일상적인 삶과 의식에 영향을 미치면서 학교교육의 과정과 결과를 좌우한다. 학교교육의 수준도 이를 통해 결정된다. 학교 문화를 만들고 향유하고 바꿀 수 있는 핵심 주체인 학생과 교사를 대상화하는 학교 내 규칙, 관행, 습속 등을 돌아보고 이를 과감하게 개변해야 한다. 그럴 때 학교 구성원 각자의 목소리가 각자의 언어로 자유롭게 발현되면서 학교 민주주의교육이 꽃피울 수 있을 것이다.

4부

가르치는 민주주의를 넘어

먼저 민주주의를 묻는다[*]

―

쥬리 인권친화적 학교+너머 운동본부 rkdalswls109@naver.com
청소년인권연대 추진단에서 활동하고 있다.

국가인권위원회가 제작한 애니메이션 〈사람이 되어라〉에서 학생들은 원숭이·침팬지·고릴라 등으로 그려진다. 이들이 학교에 다니는 목표는 사람이 되는 것이다. 그러나 주인공이 학교를 벗어나 산 속에서 벌레들과 놀다가 자존감을 갖고 "내가 틀린 게 아닌 것 같아!"라고 외치며 사람이 되자, 어른들은 주인공에게 폭력을 가하며 말한다. "왜 멋대로 사람이 되고 그래? 사람은 대학 가서 되는 거야!"

　학교에서의 민주시민교육 현실을 보고 있으면 〈사람이 되어라〉 속의 이런 상황이 연상된다. 즉 학생들은 아직 민주 시민이 되지 못했으며, 민주 시민이 되는 것은 학교를 졸업하고 '어른'이 된 뒤의 일로 생각하는 것이다. 이는 학교교육 자체가 갖고 있는 나이주의적 속성과 한계에서 비롯되는 문제이기도 하며, 민주시민교육을 불가능하거나 왜곡된 것으로 만드는 주된 원인 중 하나이다. 민주시민교육을 위한 과제로 여러 가지가 있겠으나, 나는 이 부분, 즉 학교는 과연 민주적인지 그리고 학생들은 민주 시민으로서의 삶을 살 수 있는지를 중요하게 논하고자 한다. 민주시민교육보다 먼저 민주주의를 묻고자 하는 것이다.

---

* 이 글은 2017년 6월 8일에 개최된 제10회 전북교육정책 포럼 〈학교 민주시민교육 어떻게 나아갈 것인가?〉에서 발표한 필자의 토론문을 바탕으로 하였다.

민주주의란 무엇인가

민주주의라는 말이 가리키는 대상은 포괄적이다. 정치적 수사로 쓰이거나 모호하게 쓰이는 경우를 제외하고 민주주의의 문제로 거론되는 구체적이고 명확한 문제들만 나열해 봐도 적지 않다. 그것은 "대한민국은 민주공화국이다. 대한민국의 주권은 국민에게 있고, 모든 권력은 국민으로부터 나온다"라고 선언한 헌법의 원칙을 가리키는 것일 수도 있고, 선거 제도를 가리키는 것일 수도 있으며, 각종 참여와 협의의 절차를 가리키는 것일 수도 있다. 신분제와 차별을 폐하고 만인의 평등을 선언하는 것일 수도 있으며, 사회 구성원의 시민적·정치적 자유와 인권을 존중하는 것일 수도 있다. 국가 차원에서의 운영 원리를 가리키기도 하고, 참여 민주주의나 생활 민주주의라는 이름으로 기업·지자체 등 여러 영역에서 실현되어야 할 원칙이 되기도 한다.

그리고 이러한 문제들은 모두 연결되어 있기도 하다. 시민의 자유로운 언론·표현·집회·결사의 자유가 보장되어야만 자유로운 정치 참여가 가능하고 주권 행사도 가능하다. 실제로 각종 사안을 결정하는 과정에 참여하고 협의해야만 당사자로서의 권리를 보장받을 수 있다. 사람이 다른 사람을 일방적으로 지배하고 차별하는 관계를 벗어나야만 모두가 두려움 없이 함께 대화하고 결정할 수 있다. 국가 차원의 민주주의만이 아니라 경제적 분야나 일터나 지역-마을에서도 민주주의가 실현되어야 민주주의의 예외-사각지대를 없앨 수 있으며 민주주의가 형식뿐인 것이 되지 않게 할 수 있다.

그런 점에서, 학교에서 민주시민교육을 이야기할 때 민주시민교육이 주로 사회 교과나 도덕 교과의 문제로 생각되거나, 더 적극적으로 논의되더라도 정치교육이나 토론의 문제 정도로 여겨지는 것은 안타까운 일이다. 물론 정치교육이나 토론 수업의 문제로 이야기를 하는 것은 현재 한국 학교에 부족한 점을 강조하는 차원에서 의미 있기는 하지만, 민주시민교육에 관한 더 포괄적이고 보편적인 관점이 부족한 점을 드러내는 것이기도 하다. 예컨대 프랑스에서 시민교육에 쓰인다고 하는 어린이 도서 《좋은 시민이 되기 위해서》는 "인생은 선택의 순간들로 가득 차 있다"라는 문장으로부터 시작하여 '선택한다는 것', '수락한다는 것', '거절한다는 것', '지켜야 한다는 것', '관용한다는 것', '저항한다는 것', '의심을 갖는다는 것', '아는 것과 믿는 것', '참여한다는 것' 등 삶의 일반적인 문제들에 대한 이야기들로 구성되어 있다.*

그리고 학교가 민주적인지, 학교에 현재 민주주의가 실현되어 있는지 묻는 것도 마찬가지다. 이는 학교가 교훈이나 급훈으로 민주 시민 양성을 걸고 있는지 혹은 학생회는 학생들이 직접 선출하는지를 따지는 정도로 환원할 수 없는 질문이다. 굳이 박정희 정권을 비롯한 군사독재를 떠올리지 않더라도, 두발·복장 규제가 엄존하고 체벌이 일어나며 소지품 검사·압수 등 각종 사생활 침해가 일상적으로 벌어지는 학교의 모습은 민주주의를 짓밟는 것이다. 교사와 학생을 평등

---

* 최병권(2003), 《진보에는 나이가 없다》, 휴머니스트.

한 학교 구성원으로 생각하지 않고 교사를, 때로는 선배를 더 높은 사람으로 보고 '공경'하라고 요구하는 문화는 민주주의와는 거리가 멀다. 학생이 대자보를 붙였을 때 이를 훼손하고 철거하고 학생을 교무실로 불러 훈계하는 학교는 반민주적이다. 1987년 6월항쟁의 성과는 비단 대통령 직선제만이 아니라 고문과 최루탄의 금지, 보도 지침 폐지를 비롯한 언론의 자유 보장, 자유로운 정당 활동의 보장, 집회·시위의 자유 보장 등이었으며 그 이후 이어진 노동자 대투쟁을 통해 노동조합의 권리와 쟁의가 보장된 것이었음을 기억해야 한다.

민주적이지 않은 학교에서 민주시민교육은 없다

그리고 학교의 일상이 민주주의와 거리가 멀고 심지어 반민주적이라면 민주시민교육의 실현 역시 요원하다. 대부분의 문제가 그러하듯이, 민주주의는 익히고 체화할 문제이기 때문이다. 민주시민교육이란 특정한 수업이나 지식이 아닌, "삶의 일상적 과정 속에서 그리고 전인격적 수준에서 얻을 수 있는 평등한 시민적 존엄의 자각이어야 한다".* 입으로 민주주의를 말하면서 권위주의를 내세우고 학생을 아랫사람 취급하고 차별과 폭력을 정당화하는 것이 지금 우리 사회의 한 단면이다. 이는 민주주의를 위선처럼 느끼게 만들고 냉소의 대상으로 추락시킨다. 이른바 '일베' 현상의 여러 원인 중 하나가 이

---

* 장은주(2017), 〈한국 민주시민교육의 기본 방향과 초점〉, 《제10회 전북교육정책 포럼 자료집 - 학교 민주시민교육 어떻게 나아갈 것인가?》.

처럼 말과 행동이 다른, 반민주적인 교육 현실이라고 봐도 큰 무리는 없을 것이다.

그러므로 나는 민주시민교육의 최우선 과제는 학교를 민주화하는 것이라고 주장한다. 학생인권조례나 유엔아동권리협약과 헌법이 명시한 인권을 학교에서 모두 보장할 수 있도록 노력해야 한다. 예를 들어 현재 전북학생인권조례는 두발·복장의 자유에 관해 유보적인 부분이 있는데, 문재인 대통령이 후보 시절 학생인권법의 제정을 임기 초 과제로 동의한 바 있는 만큼 새 정부에서는 법률·시행령과 함께 완전한 두발·복장의 자유가 보장되기를 바란다. 또한 조례에 명시되지 않았다고 하더라도 학생들이 차별과 폭력 없이, 평등하고 민주적이고 인권 친화적인 학교생활을 할 수 있도록 적극적 정책 수립이 필요하다. 더 나아가 학생들이 학교 안에서 활발하게 의견을 표명하고, 학교 운영과 교육 정책에 민주적으로 참여할 수 있어야 한다. 학생들이 여러 사회 현안에 대해 발언하고 활동하는 것이나 다양한 경제적·문화적 활동을 하는 것이 학교에 의해 탄압받아서는 안 되며 적극적으로 보장되어야 한다.

무엇보다 학교의 일상이 민주화되어야 한다는 요구는 단순히 '분위기'와 '문화'라는 차원이라기보다는 더 제도적이고 구조적인 변화에 대한 요구라는 점을 강조하고 싶다. 민주시민교육의 핵심적 과제이자 내용으로 학교의 제도와 문화, 일상을 변화시키는 것이 실현되어야 하고 학생의 시민으로서의 권리가 보장되어야 한다. 학교에서 당장 민주 시민으로 생활할 수 있도록.

더하기보다는 뺄셈의 교육을

물론 민주시민교육은 학교에서 학생들이 민주 시민으로 생활하는 것만으로도 다 되지 않는다. 학생들의 삶은 학교 안에서만 이루어지지도 않고, 또 학교 안에만 갇혀서는 시민으로 산다고 할 수 없기 때문이다. 서두에서 학교교육 자체의 한계를 언급했다. 이는 학교교육의 결함을 이야기하려는 것이라기보다는, 학교가 모든 것을 하는 것은 불가능하다는 이야기를 하려는 것이다. 그러므로 역설적으로 민주시민교육은 '뺄셈'을 통해, 학교교육의 부담을 덜고 학생들이 학교 밖에서 다양한 삶을 살 수 있게 보장함으로써 가능해질 것이다.

현재 학생들의 삶은 학교교육과 학교교육에서 파생된 사교육으로 상당 부분이 채워져 있다. 이는 중고등학생 때, 특히 고등학생 때에는 하루 일과의 대부분을 학교교육 및 수업·공부·자격증 취득 등과 관련된 일로 보내게 되어 정점에 이른다. 세계에서 가장 긴 편에 속하는 한국 청소년들의 학습 시간은 그 자체로 학생들의 삶의 피폐함을 증명한다. 이는 경쟁적 교육 때문이기도 하지만, 한국의 수업 시간·수업 일수, 그리고 교육과정 자체가 부담인 것 역시 사실이다.

민주 시민이란 무엇인가. 민주 시민으로서의 삶이란 어떤 것인가. 이는 결코 노동자나 학생이나 공무원 등과 같이 특정한 삶의 영역으로 축소될 수 없다. 개인으로서의 삶, 자유로운 여가 시간, 경제적·문화적·사회적 여유, 종합적인 생활 없이 민주 시민으로서의 삶은 불가능하다. 과도한 노동 시간은 노동자들의 정치적 활동을 비롯하여 시민으로서의 삶을 가로막는다. 그리고 학교 안으로 학생들의 삶을 한

정시키려고 하는 것이나 과도한 학습 시간도 학생들의 시민으로서의 삶을 가로막는다. 따라서 어떻게 보면 학생들의 저녁을 빼앗는 강제 보충, 자율 학습이야말로 민주시민교육의 가장 큰 적일지도 모른다. 또한 학교 밖에서도 '학생답게' 행동하라며 각종 규칙으로 '교외 활동'까지 규율하고 있는 학교의 현실도 그러하다.

 민주시민교육에 대한 고민은 수업이나 교과서, 어떤 교육 프로그램으로 한정될 수도 없지만, 학교 교문 안으로 한정되어서는 안 된다. 학생들이 소비자나 노동자 등 경제 주체로서, 문화·예술의 창작자이자 향유자로서, 주민으로서, 가족의 일원으로서, 네티즌으로서, 시민으로서 복합적인 삶을 사는 것이 보장되어야 한다. 학교만이 아니라 지역의 청소년 시설이나 일터, 가정 등 다양한 공간들이 청소년들이 참여하고 함께할 수 있는 환경이 되어야만 민주시민교육은 어느 정도 꼴을 갖추었다고 할 수 있을 것이다.

학교 민주주의, 학생의 정치적 권리 보장 없이는 불가능하다

오진식 청소년인권행동 아수나로 jinsik105@naver.com

부산에서 청소년운동을 하고 있습니다.

3년 전, 친구가 전교 학생회장에 당선되었다. 회장에 당선된 친구는 착하고 친구도 많고 공부도 잘했다. 학교 행사 때마다 화환도 하나씩 보낼 줄 아는 '센스 있는 학생'이기도 했다. 교사들은 종종 수업 시간에 훌륭한 학생회장이라고 칭찬하며 우리보고 본받으라 했다. 분명 그 친구는 좋은 사람이다. 하지만 본받으라는 말은 내게 묘한 거부감을 줬다. 나는 그 친구처럼 착한 학생이 될 수 없어서 그랬을까?

학생회는 학생들의 문제를 학생들이 직접 모여 의견을 모으고 논의하여 결정하는 대표적인 자치 기구다. 대학교의 경우 축제나 통학버스를 운행하는 것부터 어떤 강의실에 어떤 비품을 놓을지까지를 모두 결정한다. 때로는 등록금을 인하하라며 학교와 싸우기도 한다. 이렇듯 자치 기구는 교사 등 학교 내 권력으로부터 독립되어 집단 구성원 스스로 결정하는 데에 의의가 있다. 자치 기구가 독립적이지 못하고 허가를 받거나 눈치를 봐야 한다면 제대로 운영된다고 볼 수 없다. 따라서 학생회장은 학생들의 권익을 대변해야 할 필요가 있다. 교사나 교장이 부당하게 빼앗아 간 학생들의 권리는 그들과 친해지는 것이 아니라 오히려 거리를 두고 독립적으로 행동하려 할 때 쟁취할 수 있다.

고등학교에서 학생회는 그저 하나의 거래였다. 학생 자치나 권익 증진, 권력의 감시 같은 데에 목적을 둬야 한다고 생각했던 내가 너무 순진했나 보다. 학생회장 등 학생회 간부는 대학교 수시 모집에 적어 넣을 '스펙'이 되기 때문에 학교와 마찰을 만들 필요가 없으며,

학교는 스펙을 보장해 주는 대신 일정한 역할을 은연중에 강요한다. 그 거래 어디에도 학생들은 존재하지 않는다. 애초에 아무것도 갖고 있지 않은 사람들을 협상 테이블에 끼워 줄 이유가 없기 때문에 어느 누구도 학생들을 고려할 필요가 없다. 결국 학생들이 스스로 나서야 한다.

학교는 도전하지 않는다, 확신이 없으면

"학교는 바뀌지 않는다, 당신이 행동하지 않는다면." '청소년인권행동 아수나로'라는 청소년인권단체의 홍보 문구 중 하나다. 그렇다. 아무리 착한 학생회장이 있더라도, 혹은 아무리 인권 의식이 풍부한 교사가 있더라도 학생들이 조직되지 않으면 학교는 바뀌지 않는다. 학교는 대개 변화를 두려워하는 관료 집단이기 때문이다. 비밀주의, 번거롭고 까다로운 규칙, 획일주의, 법규 만능에 오만하며 오로지 직위와 선례만을 존중한다. 학교 내 폭력 사태가 일어났을 때 모두가 책임을 개인에게 돌리는 것처럼, 권력자들의 관심은 학교를 더 살기 좋게 바꾸는 것보다는 자신의 안위와 승진에 있다.

대부분의 경우, 학생 개개인의 요구를 들어줘 봐야 권력자 자신들의 안위에는 크게 도움 될 것이 없다. 누군가의 의견대로 학교를 바꿔 봤자 그들이 얻는 것은 별로 없으며 위험도가 너무나도 크다. 그래서 학교는 항상 이전에 했던 대로, 남들 하는 대로 혹은 위에서 시키는 대로 움직일 수밖에 없다. 당신이 학생인권에 관심이 많은 학생이고 아는 것이 많아 학교를 이렇게 바꿔야 한다고 자주 문제 제기를 한다고 가정하자. 대부분의 경우 학교는 학교의 시스템에 대한 문제 제기를 진지하게 받아들이기보다는 당신의 요구를 무시하거나, 묵살하거나, 구슬리는 등 당신의 문제의식을 어떻게 잠재울지에 더 관심을 가질 것이다. 그래서 어떤 학생이 교칙을 바꾸는 등 변화를 이끌어 내더라도 그가 졸업 등을 이유로 사라지고 나면 다시 복귀되는 경우가 많다. 애초에 학교는 자신이 아니라 문제 제기를 하는 사람이 '이상하다'고 생각하기 때문이다.

회사와 노동조합을 떠올리면 이해하기 쉽다. 회사는 노동자 개인이 문제의식을 갖는다고 바뀌지 않는다. 오히려 그 개인의 입을 막기 위해 노력한다. 말도 안 되는 트집을 잡기도 하고, 징계나 해고를 하기도 한다. 가끔은 "노조를 탈퇴하면 승진시켜 주겠다"는 식으로 회유하기도 한다. 지난날, 수많은 노동자들이 노동조합을 꾸릴 권리(단결권), 손해를 발생시켜 싸움을 유리하게 이끌어 갈 수단을 가질 권리(단체행동권), 집단적으로 협상할 권리(단체교섭권)를 갖기 위해 싸워 왔다. 노동운동가들은 이미 문제의식을 가진 개인의 역량도 중요하나 노동자들이 뭉쳐서 함께 싸우지 않으면 사측과 동등한 위치에 설 수 없다는 사실을 알고 있었기 때문이다.

학교는 단순히 말만으로 바뀌지 않는다. 학교를 바꾸기 위해서는 오히려 집단적으로 '문제'를 일으켜야 한다. 학교가 계속해서 언론에 나오고, 학교의 '명예를 실추'시키는 등 손해를 만들어야 학교는 비로소 문제를 인식하고 무마시키기 위해 노력하기 시작한다. '문제를 일으킨' 사람의 분노를 잠재우기 위해 노력하기도 하고, 가끔은 협박도 하며 협상을 하기도 한다. 애석하게도 학교는 굳이 먼저 나서서 문제를 해결해 주지 않으므로, 직접 나서서 문제를 드러내야 한다. 학교를 바꾸기 위해서, 경직된 사회를 바꾸기 위해서 뭉쳐야 하는 이유가 여기에 있다. 세상은 논리가 아니라 조직된 단체와 행동이 바꾼다는 사실, 그것을 인정하는 것이 학교 민주주의의 시작이다.

학교 민주주의, 그렇게 과격한 것인가요

지금은 어디에 가든 민주주의라는 단어를 쉽게 볼 수 있다. 전교회장, 심지어 학급 반장을 뽑는 데에도 선거의 4원칙(보통, 평등, 직접, 비밀선거)이 적용된다. 정부에서 만드는 포스터에도 "민주 시민이라면 ○○합시다"라는 문구가 들어 있다. 중등교육의 목표에도 '민주 시민의 양성'이라는 단어가 들어 있을 정도다. 이렇게 모두가 민주주의를 말하고 있는데, 굳이 '싸움'이라는 단어를 써 가며 민주주의를 위해서는 학생들이 뭉치고 조직되어 힘을 행사해야 한다는 논리를 펼쳐야 할까? 오히려 민주주의란 갈등을 평화롭게 조정하고 해결하는 것 아닌가?

안타깝지만 민주주의는 그렇게 간단하지 않다. 민주주의는 민주 시민의 어떠한 소양을 갖추게 함으로써 이루어지는 것도 아니고 선거 절차로 이루어지는 것도 아니다. 민주주의는 실질적으로 권리와 권력을 평등하게 배분할 것을 요구하는 것이다. 민주주의가 갈등을 (비교적) 평화롭게 조정한다는 것은, 우선 누구나 자신의 요구나 의견 그리고 이로 인한 갈등을 자유롭게 표출하고 드러내고 만들 수 있다는 전제 위에서 가능한 이야기이다.

그렇기 때문에 민주주의는 결사의 자유, 표현의 자유를 비롯한 인권의 보장을 전제로 한다. 민주주의는 사회의 구성원 중 일부가 아닌 대다수나 모든 사람에게 논의의 장이 열려 있어 전체 구성원의 의사를 반영하고 의사를 실현하는 사상과 시스템을 뜻한다. 많은 사람에게 논의의 장이 열려 있기 위해서는 사람들이 자신의 의사를 자유롭게 밝힐 수 있어 전체 구성원의 의사를 반영할 수 있어야 하고, 어떤 의사에 동의하는 사람들이 함께 특정한 장소에 모여 의사를 실현시킬 자유가 있어야 한다. 동시에 실질적으로 개인의 자유권을 실현시킬 수 있어야 한다. 외부의 어떤 강제력에 의해서 나의 자유롭게 말할 권리가 실질적으로 침해된다면 그 역시 권리가 보장되고 있는 것으로 볼 수 없기 때문이다.

많은 경우에 사람들에게 표현의 자유나 결사의 자유가 있다는 선언은 오로지 말로서만 인정된다. 그러나 그런 선언만으로는 아무런 힘이 없다. 자유들은 실현될 때에서야 비로소 힘을 갖는다. 그 힘이 권력자로부터 탄압의 대상이 되기 때문이다. 학교에서 '너희 학생들의 표현의 자유는 보장되지 않아'라고 말하지는 않는다. 하지만 대자보를 붙이거나 등굣길 피켓 시위를 한다면 학교는 어떻게 반응할까? 대부분 교무실로 불러 '학생들을 선동'한다며 처벌하려 한다. 그것이 교내 봉사 등의 간접적 체벌이든, '엎드려뻗쳐서 볼기를 때리는' 직접적 체벌이든, 벌점을 줘서 실질적인 불이익을 가하는 처벌이든 말이다.

특히, '불만이 있다면 대자보를 붙이는 식이 아니라 말로 하라'라는 것이 가장 흔한 논리다. 이것은 표현의 자유의 실질적 행사를, 다시 아무 힘이 없는 선언의 수준으로 되돌리기 위함이다. 학교 구성원들에게 원래부터 표현의 자유를 비롯한 기본권은 없었다는 듯, 기존의 질서와 제도대로 지속하자는 것이다. 이러한 논리는 언제나 공정한 것처럼, 중립적인 것처럼 보인다. 그러나 이는 원래 있었던 학생과의 권력관계를 강화하는 것일 뿐이다. 학교에 제대로 된 민주주의와 인권이 보장되어 학생과 교사가 거의 동등한 권력을 가진 다음에나 할 수 있는 말이다.

따라서 민주주의는 결국 기존의 체제에 도전하는 형식으로 이루어질 수밖에 없다. 그것도 사회적으로 손해를 입혀 가며 자신들이 갖고 있는 힘을 재확인하는 방식으로 이루어진다. 그러므로 집회와 결사의 권리를 누려야만 학생들이 자신의 권리를 되찾을 수 있다. 학생들이 자신이 원하는 것을 스스로의 힘으로 찾을 수 있을 때, 진정으로 학생들이 학교의 주체가 되었다고 할 수 있다.

학교 민주주의는 얼핏 듣기에는 모두가 공감할 수 있는 이야기다. 민주주의 국가니까 학교도 민주적이어야 한다는 말은 누구도 부정하지 않는다. 하지만 학교 민주주의의 구체적인 실현은 아무도 반가워하지 않는다. 학교의 반인권적 제도 등 치부가 드러나고, 학교는 시끄러워지고, 외부인의 출입이 잦아지고, 할 일은 늘어난다. 학생들은 이전만큼 잘 관리, 통제되지 않는다. 이것은 기존의 질서를 와해하는 과격한 행동으로 보인다. 하지만 이것은 민주주의가 작동하기 위함이다. 학교의 치부가 드러난다는 것은 지금까지 치부가 은폐되어 외부에는 비밀로 유지되었다는 뜻이고, 학교가 시끄러워진다는 것은 학교가 움직이고 있다는 뜻이며, 학생들이 잘 통제되지 않는다는 것은 민주 사회에서 사람들을 권위자의 의사대로 움직이게 하는 것이 어렵다는 사실을 확인하는 절차다.

따라서 민주적인 학교는 권위적인 학교보다 더 시끄럽다. 표현의 자유, 결사의 자유의 보장은 학생들이 의견을 자유롭게 표출하게 만들 것이고, 이는 더 나아가 여성, 장애인, 성소수자, 저소득층 등 다양한 학생들이 스스로의 권리를 되찾기 위해 목소리를 내게 만들 것이다. 더 다양한 집단과 더 많은 논쟁이 벌어질 것이고 이것이 민주주의가 진정으로 기능하는 모습이다. 더 건강하고 민주적인 학교가 되기 위해서는 억압되고 숨겨진 목소리가 수면 위로 드러나야 한다.

인권의 보장이 학교 민주주의를 만드나요

인권의 보장은 학교 민주주의의 필요조건이지 충분조건이 아니다. 학생인권은 학교에서 지켜져야 할 최저선이지 인권의 보장만으로 학교 민주주의가 완전히 발현되지 않는다. 인권의 보장은 학교 민주주의의 시작일 뿐이다. 지금까지의 학교는 학생을 단순한 피교육자, 계몽되어야 할 대상으로만 바라보았다. 학생들의 행동은 주체성이나 결정 권한과는 거리가 멀고, 민주주의라는 이름의 활동을 하더라도 그저 '체험 학습'으로 인지한다. 학생이 현재를 살아가는 사람이고, 지금 당장 인권을 필요로 하는 존재인데도 말이다.

'민주주의 꿈나무', '체험 학습'이라는 말 자체에, 이미 교육자는 교사를 비롯한 비청소년이며 민주주의와 인권에 대해 잘 아는 누군가가 잘 모르는 학생들에게 가르쳐 준다는 뜻을 내포하고 있다. 이러한

'학습'은 가르쳐 주는 사람의 입맛에 맞는 내용만을 전달할 수밖에 없다. 교사는 '가르칠 권리'의 주체이며, 학생은 '배울 권리'를 주체적으로 행사하는 대신 교사의 가르칠 권리에 대한 대상이 된다. 민주주의에 대한 교육 자체를 부정하는 것이 아니라, 학생은 교육에서 주체가 될 수 없다는 현실을 이야기하는 것이다.

교육뿐만이 아니라 학교 곳곳에서 학생은 주체가 되지 못한다. 흔히 농담 반 진담 반으로 '학생은 청소할 때만 학교의 주인'이라 한다. "학생이 학교의 주인이니 학교를 깨끗이 청소하자"라는 학교 내 권력자들의 말을 비꼰 것이다. 하지만 청소할 때조차 학생은 주체가 되지 못한다. 1학년 3반이 교장실을 쓸고, 1학년 4반이 그 앞 복도를 닦는다는 것을 학생들이 스스로 원하고 결정했는가? 학생들이 단 한 번이라도 모여 누가 어디를 청소할 것인지를 논의한 적 있는가? 청소 시간은 3시 10분부터 20분간이라는 사실을 합의했는가? 그렇지 않다. 교사들이 모여 결정했거나, 혹은 권력자가 임의로 배분한 구간을 학생들이 그저 받아들였을 뿐이다.

학교 민주주의란, 진정으로 학생들이 학교의 주인이라 생각한다면 스스로 '청소가 필요한가?', '어디를 청소할 것인가?', '청소 시간은 몇 분이어야 하는가?'를 결정하게 하라는 말이다. 더 나아가, '어떤 수업을 들을 것인가?', '어디에 예산을 얼마나 배정할 것인가?'를 결정하게 하라는 뜻이다. 이는 단순히 학생인권의 보장만으로 이루어지지 않는다. 집회의 자유, 언론의 자유는 소극적인 의미의 민주주의일 뿐이다. 학생인권조례를 만든다고 다음 날부터 학생들이 주체적으로 행동하지 않듯, 학생이 권리의 주체가 되는 것, 자기 결정권을 갖는 것은 단순히 인권을 보장해 주는 수준을 넘어선 논의가 필요하다. 그리고 그것은 결국 학생들의 조직화로 가능하다.

어떻게 '학교 민주주의' 할 수 있을까요

이전에 이런 이야기를 들은 적이 있다. "모 학교의 교사가 학생들을 동원하여 아침마다 학생인권 관련 피켓을 들게 했다. 그런데 학생들이 인권 의식이 없어서 활동에 적극적이지 않았다. 그래서 열심히 인권운동을 하는 당신들이 '기특하다'". 실제로 사진이나 인터뷰를 보니 교사들은 눈을 빛내며 즐거워하고 있었지만 학생들은 활동 목적조차 찾지 못하는, 그저 또 다른 '귀찮은 일'로 여기는 것처럼 보였다. 나는 묘한 반감을 느꼈다. 아무래도 그런 학교에서는 나도 '인권 의식 없는' 학생 중 한 명이 될 것만 같았다.

반면, 어떤 학교 학생은 이런 말을 한다. 자신을 제외한 학생들이 너무 생각이 없어서, 이 학교에서는 뭘 해도 제대로 되지 않을 거라고. 학생들은 학교의 노예나 다름없기 때문에 제대로 논쟁이 되지 않으며, 이들에게 인권을 '주입'해 학교를 바꿔야 한다고. 물론 학생들이 스스로 활동하려는 생각이 없는 것이 답답해서 먼저 나서고 싶어 하는 마음은 이해한다. 하지만 그것들은 학교 민주주의에 가까워지는 일이 아니라는 생각이 들었다.

학교 민주주의의 핵심은 학생들이 주체적으로 조직을 꾸려 정파나 의견 그룹을, 단체를 만들어 학내 정치에 참여하는 것이다. 지금의 학교 밖 민주주의가 하루아침에 만들어지지 않았듯, 학교 내 민주주의도 몇 번의 활동으로 갑자기 이루어지지 않는다. 오히려 가장 먼저 해야 할 일은 당장 학교의 문제점을 고치려 하는 것이 아니라, 학생들이 조직되어 목소리를 제대로 낼 수 있는 환경을 만드는 것이다. 학교에 문제 제기를 하는 사람이 나 하나뿐이라면, 당신이 이 학교에서 사라졌을 때 학교는 원 상태로 쉽게 돌아갈 것이기 때문이다.

구체적인 예로, 학교 내에서 인권 동아리를 만드는 것은 어떨까? 인권에 관심 있는 학생 몇 명을 모아, 인권의 역사와 철학을 배우는 모임을 가지는 것이다. 학교 동아리에 공식적으로 이름을 올리면 좋겠지만 그게 힘들다면 점심시간이나 방과 후에 잠깐 만나는 모임도 나쁘지 않을 것 같다. 그 모임에서 인권과 민주주의에 대해 배운 다음, 학교에 대한 문제의식을 공유해 보는 것이다. 모임의 회원들이 비슷한 문제의식을 갖고 있다면 함께 주장과 근거를 정리해 글을 써서 붙여 볼 수도 있을 것이고 더 많은 활동을 할 용기도 얻을 수 있을 것이다. 결국 이런 동아리가 몇 년이고 지속적으로 활동할 수 있는 양분이 된다.

학교 내 활동으로 학생들의 인권을 보장하는 것뿐만 아니라 장기적으로 많은 학생들이 학내 정치에 참여할 수 있도록 동아리나 학내 단체를 만들 수 있게 해야 한다. 동시에 인권에 대해 충분히 고민할 수 있도록 학교 내에서 여유 시간을 충분히 가지게 하고, 수업이나 공부할 내용도 선택할 수 있어야 하지 않을까? 나아가, 학생들이 여유 시간을 가질 수 없게 만드는 경쟁적 입시 제도를 개혁하는 것까지도 학교 민주주의에 포함되는 이야기가 아닐까.

일전에 이런 논쟁이 있었다. '민주주의가 우선이냐, 인권이 우선이냐?' 학생인권조례 등으로 학생들에게 인권을 되찾아 주는 것이 먼저냐, 아니면 절차적 민주주의를 보장해서 학생들이 주체적으로 참여할 수 있게 하는 것이 먼저냐. 지금 생각해 보면 '닭이 먼저냐, 달걀이 먼저냐' 하는 논쟁만큼 의미가 없었던 것 같다. 인권이 전제되지 않은 민주주의는 애초에 모순되는 말이다. 절차적 정당성 없이 인권이 보장되어도 지속되기 어렵다. 둘은 따로 떼어 놓을 수 없는 개념이다.

종종 내가 활동하는 아수나로 부산지부의 모임에 와서 "학교를 바꾸고 싶다"고 말하는 사람을 만난다. 만약 이들이 학생이라면 나는 언제나 "먼저 학교 안에서 비슷한 생각을 하고 있는 사람들을 모으세요"라고 조언한다. 학생 한두 명을 징계하는 것은 쉽지만 열 명을 징계하는 것은 쉽지 않다. 학교가 그들을 왕따시키는 분위기를 조장하려 하더라도, 열 명쯤 되면 쉽지 않다. 심지어 그 열 명의 학생들 요구가 옳고, 학생들이 (참여하진 못해도) 지지한다면 학교를 바꿀 수도 있을 것이다.

어떻게 해야 같은 생각을 하는 사람들이 모이고 또 어떻게 해야 그 사람들이 오래 함께할 수 있는지 여전히 완벽한 방법은 알지 못한다. 그렇지만 학교를 바꾸고 싶은 사람들이 모이길 앉아서 기도만 할 수는 없지 않은가. 앞으로 '학생들의 주체적인 자력화, 조직화'를 주제로 학교 민주주의의 다양한 방법론에 대한 논의가 있으면 좋겠다. 그래서 학교마다 자생적인 운동 조직 두셋쯤은 있어, 다양한 의견이 맞부딪히고, 이것이 논쟁을 통해 해결되는 사회를 보고 싶다. 학교 민주주의와 학생 사회의 발전, 그리고 학생들의 자발적 조직에

의한 학생들의 정치 세력화는 반드시 해야 하는 일이라 생각한다.

    전국교직원노동조합은 1989년에 만들어졌으며 끊임없는 싸움 속에서 1999년에야 합법화되었다. 1960년대부터 많은 교사들이 싸워 온 결실이 수십 년이 지난 그때서야 겨우 열린 것이다. 지금부터 수십 년 후를 생각하면 아득하기만 하지만 그래도 학생인권 보장과 학교 민주주의를 위해서 학생 당사자의 자발적인 조직이 있어야 한다. 이는 결국 많은 학생들의 참여로 가능하다. 언젠가는 학생들의 자발적인 조직이 제대로 된 학교 민주주의를 만들어 낼 것이라 생각한다.

학교는 '정치판'이 되어야 한다

|

공현 교육공동체 벗 gonghyun@gmail.com

청소년운동을 해 왔고, 하고 있고, 교육공동체 벗에서도 일하고 있다.

잠시 몇 년 전으로 기억을 돌려 본다. 2013년 말, 철도노조가 파업을 하고 철도 민영화가 논란이 되며 대학에서부터 '안녕들 하십니까' 대자보가 붙기 시작했다. '안녕들' 대자보는 곧 초·중·고등학교로도 확산되었다. 학교가 아닌 자신의 동네에 대자보를 붙이거나 대자보를 써서 사진을 찍어 SNS에 게시한 청소년들의 사례까지 포함하면 '안녕들' 대자보에 참여한 청소년들의 수는 상당히 많을 것이다. 시대의 흐름을 돌이켜 보면 '안녕들' 대자보는 그동안 피폐해지고 후퇴당한 민주주의와 인권의 문제들을 삶 속에서 체감한 이들의 발언이었다고 의미를 부여할 수도 있을 듯싶다.

'안녕들' 대자보는 초·중·고등학교에서는 다른 차원의 관심과 문제를 불러일으켰다. 청소년들의 대자보는 붙이자마자 제거당하기 일쑤였으며, 상당수 학교에서는 처벌 대상이 되었다. 알려지고 공론화가 된 경우는 차라리 나았을지도 모른다. 많은 학교에서 학생들은 교무실에 불려 가서 꾸중을 듣고, 경위서나 반성문을 작성하고, 친권자를 학교로 소환하는, 비공식적인 징벌을 받았다. 명백하게 처벌과 통제의 성격을 띠고 있었음에도 공식 징계가 아닌 그저 '교육'이나 '지도'로 포장되는, 그런 조치들. 대학생들이, 사람들이 '안녕들 하십니까' 하고 자기 삶을 돌아보는 와중에도, 초·중·고등학교 안에서는 안녕을 묻고 안녕하지 못하다고 호소할 자유조차도 없었다.

그중 인터넷에 회자되며 눈에 띄었던 사례가 하나 기억난다. 교사가 대자보를 붙인 학생을 교무실로 불러서 '왜 네 의견을 남에게 강요하느냐'라고 혼내고 친권자를 학교로 불러오게 했다는 이야기였다. 그 교사는 학생이 자신의 의견을 다른 사람들이 볼 수 있도록 게시한 것이 곧 '의견을 강요'한 것이라고 느껴졌나 보다. 왜였을까? 사람들이 다른 사람의 의견을 보기만 하면 그 의견에 따르게 되는 습관이나 나약한 자주성을 가지고 있다고 믿어서? 혹은 강요되어도 좋을 만큼 권위를 가진 의견만이 게시되어야 한다고 믿어서? 문제는 이런 식의 사고방식이 의외로 자주 발견된다는 것이다. 가령 '너는 왜 네 생각만 옳다고 생각하고 주장하느냐' 같은 말도 본질적으로 다르지 않다. 이런 사고방식이 널리 자리 잡고 있는 것은, 지금 학교의 원리가 민주주의나 정치적 원리와는 동떨어져 있기 때문은 아닐까?

18세 선거권의 핵심 쟁점

다시 현재. 2016년 겨울부터 2017년 봄까지, 박근혜 퇴진을 요구하는 촛불 집회와 시국 선언 등의 시민 행동이 일어났다. 여기에 수많은 청소년들이 참여했고 청소년들의 시국 선언과 집회 등은 많은 주목을 받았다. 이러한 배경 위에서 '18세 선거권'에 대해 국회와 언론 등에서 활발한 논의가 벌어졌다. 18세 선거권을 주장하는 운동과 국회에서의 논쟁 속에 20세였던 선거권 제한 연령을 19세로 완화하고 끝났던 2005년으로부터 헤아리면 대략 12년 만이다. 그 사이에도 선거권 제한 연령 완화에 관한 운동이나 논의가 없었던 것은 아니지만, 이번처럼 대대적으로 논의가 벌어진 것은 2005년 이후로는 처음이라고 봐야 할 것이다.

그러면 2005년의 논의와 2017년의 논의는 무엇이 달라졌을까?* 2017년은 민주주의의 훼손에 맞서 벌어진 대규모 시민 행동에 청소년들이 함께하고 목소리를 낸 결과 열린 논의의 장이기에, 청소년들의 주체성이나 청소년 권리 보장의 필요성이 좀 더 활발하게 논의되고 있다는 점이 가장 큰 차이일 것이다. 2005년에는, 비록 당시 여당이고 다수당이었던 열린우리당이 18세 선거권 당론을 가지고 있긴 했지만, 이를 '청소년 참정권'의 문제로는 제대로 인식하지 않고 있었다.** 반면 지금은 '나이를 정치적 성숙의 지표로 삼지 말라'거나 '(촛불의 주체 중 하나였던) 청소년들도 참여할 권리가 있다'는 등의 주장이 더 전면에 내세워져 있다. 이러한 변화에는 2017년의 상황과 더불어 그동안 청소년운동이 사회적 영향력을 확대하고 청소년인권에 대한 논리를 가다듬어 온 것이 영향을 미쳤다.

반면 달라지지 않은 것도 있다. 일단 18세 선거권의 주된 논거들이 그러하다. 예컨대 18세면 납세의 의무도 병역의 의무도 있고 근로기준법상 성년도 18세 이상이며 결혼도 할 수 있다는 논지는, '왜 굳이 18세여야 하는가' 하는 질문에 대한 효과적인 대답처럼 여겨지며 계속 확산되고 있다. 사실 이 주장은 선거권을 의무 수행에 따른 대가 또는 어른의 권리처럼 본다는 점에서 잘못된 전제에 호소하고

---

* 정확히는 2004~2005년의 논의와 2016~2017년의 논의라고 해야 하겠지만 편의상 2005년과 2017년으로 부르겠다.
** 자세한 이야기는 [공현·둠코(2016), 《인물로 만나는 청소년운동사》, 교육공동체 벗, 122~124쪽] 참조.

있다. 18세면 충분히 성숙하다거나 요즘 청소년들이 (정보화 등으로) 더 똑똑하다는 주장도 마찬가지로 많이 거론되고 있지만 문제가 있는 관점이다.

그리고 무엇보다도, 오직 18세 선거권만 논의되고 있다는 점이 변하지 않았다. 예를 들면 피선거권(대통령 외엔 25세) 제한 연령의 문제에 대한 논의는 거의 이루어지지 않고 있다. 더불어민주당 박주민 의원이 교육감 선거권 제한 연령 16세, 정당 가입 제한 연령 15세 등의 법안을 대표 발의했고 전국사회교사모임 등이 지방 선거에서의 16세 선거권 등을 주장했으나 국회에서는 논의되지 않고 있다. 또한 청소년들의 촛불 집회와 시국 선언 등에 의해 촉진된 논의임에도, 청소년들의 집회의 자유나 언론의 자유, 정치 활동의 자유 등은 논의되지 않고 오직 '선거권'으로만 참정권 문제가 다루어지고 있다. 마치 모든 정치적 문제가 대의제 및 선거의 틀로 귀결되고 마는 현실을 반영하고 있는 듯하다.

사실 18세 선거권에 관한 쟁점의 핵심은 '청소년 참정권'에 있다. 청소년운동은 왜 18세 선거권을 주장해 왔는가? 18세부터 비로소 통상 청소년/10대/미성년자라고 불리는 이들이 조금이라도 포함될 수 있기 때문이다. 그리고 18세 선거권에 반대하는 이들은, 바로 그 이유 때문에, '미성숙'한 청소년/고등학생/10대가 포함된다는 바로 그 이유로 18세 선거권을 반대한다. 고등학생들은 공부를 해야 해서, 교사나 부모에게 휘둘릴 우려가 있다는 주장이 담고 있는 요지는 결국 청소년은 미성숙하고 정치적 능력이 부족하다는 것이다.

이러한 반대 주장에는 나이주의적인 인식이 깔려 있다. 바로 정치는 성숙하고 합리적인 시민만이 할 수 있으며 일정한 나이가 지나야만 그러한 능력을 갖춘다는 믿음이다. 비록 민주주의에서는 다원주의의 원리에 따라 온갖 사상과 주장이 용인된다지만, 거기에는 나이라는 '자격증'이 있어야만 한다. 일정 나이 이상이라면 정치의 주체가 될 수 있지만, 나이가 어릴 때는 사회의 주류 가치에 따라 교육을 받아야 한다. 비청소년들에게 교육을 받아야 할 청소년들이 정치를 한다는 것은 이러한 질서를 혼란시키는 것이기에, 교육의 대상이고 '아직 사회에 나오지 않은' 청소년들이 공적 결정 과정에 참여하고 정치를 하는 것은 금지되어야 한다. 청소년들을 가르치는 학교교육은 정치로부터 격리되어야 한다. 이런 생각은 합리적이고 성숙한 개인들이 (정치 소비자로서) 1인 1표를 행사하여 정당/대표를 선출함으로써 주권을 형성한다는 대의제의 모델과도 연관이 깊다.

참정권 문제에 관한 청소년운동의 문제의식은 이런 나이주의적 인식을 비판하면서 넓어져 왔다. 이런 문제의식에서는 18세 선거권은 참정권 확대 과정의 아주 작은 한 걸음일 뿐이다. 보편적인 참정권 보장을 위해서는, '그럼 몇 살이어야 성숙하단 말인가' 하는 질문에 부딪히곤 하는 'X세 선거권'보다도 다른 권리들이 더 중요할 수도 있다. 개인의 성숙성을 따져야 하는 권리가 아니라 결사를 만들고 집단적으로 대화하고 행동하는 권리, 나이에 상관없이 당사자이자 주권자로서 이야기하고 참여할 수 있는 권리 말이다. 그동안 청소년운동에서는 학교 운영 참여, 정당 가입의 권리와 정치 활동의 자유, 정책 결정 과정에 청소년들의 의견 반영 등을 요구해 왔다. 이처럼 넓은 차원에서의 청소년 참정권의 당위성이 사람들의 지지를 얻지 못한다면 18세 선거권도 반대 의견을 넘어서기 어렵고, 설령 실현되더라도 그 한계가 분명할 것이다.

학교는 준비되어 있는가

18세 선거권 반대 주장 중 가장 빈도가 높은 것이 '학교가 정치판이 될 수 있다'라는 이야기이다. 말할 것도 없이, 이 말 자체는 청소년과 학교에 대한 편견을 담고 있다. 노동자들에게 참정권을 보장하면 일터가 정치판이 될 것이라거나, 여성에게 참정권을 보장하면 (여성이 가사 노동을 주로 한다는 편견 속에) 집안이 정치판이 될 거라고 우려하는 것과 다름없다. 그러나 이를 차치하고라도 학교의 현실을 생각해 보면 오히려 반대의 상황을 우려해야 하는 것 아닌가 싶다. 18세 선거권이 실현되더라도 학생들의 정치 활동이나 발언 등을 학교에서 금지하고 변화를 거부할 가능성이 더 높아 보인다.

청소년들에게 정치적 자유가 실질적으로 보장되지 않는다면 18세 선거권 자체도 그 의미가 무색해지기 쉽다. 우리 사회의 민주화의 과정 역시 부정 선거를 막고 공정하고 직접적인 선거 제도를 쟁취한 것이 전부가 아니다. 언론의 자유 보장이나 정당 활동 보장, 고문 금지 등 인권 보장 역시 민주화의 중요한 한 축이었다. 애초에 자유롭게, 두려움 없이, 말하고 듣고 모일 수 없다면 선거에 과연 얼마만큼의 의미가 있겠는가?

흔히 선거는 민주주의의 꽃이라고 하는데, 꽃은 뿌리, 줄기, 잎이 있어야만 필 수 있다는 점에서 적절한 비유이다. 꽃은 재생산의 역할을 한다는 점에서 중요하지만, 꽃만을 꺾어서 꽃병에 꽂아 두면 금세 시든다는 점을 잊어서는 안 된다. 민주주의의 근본은 오히려 다른 뿌리, 줄기, 잎에 해당하는 인권 보장과 평등한 정치적 자유, 사람들의 결사·행동·참여에 있다. 18세 선거권이 되고 정말 극히 일부의 청소년들이 선거권을 가진다고 하더라도, 일상 속에서의 정치 활동을 금지당하고 학교와 학원에 장시간 갇힌 채로 다른 데 눈 돌릴 여유도 갖지 못한다면, 그 선거권이 얼마만큼의 의미가 있고 영향력을 발휘할 수 있을지 의문스럽다.

그러므로 18세 선거권에 대해 학교가 준비되어 있느냐는 질문은, 학교가 청소년들의 정치 활동을 보장하고 권리를 잘 행사할 수 있는 환경을 조성해야 한다는 요구로 읽혀야 한다. 서울시교육청에서 지난 2월 23일 연 토론회 '선거권 연령 하향, 학교는 무엇을 준비해야 할까?'에서 천희완 교사는 "선거권 연령 하향 시대, 학교는 준비되어 있습니다"라는 제목으로 발제를 하며, 교과별 민주시민교육 현황에 대한 평가를 했다. 다른 발제자들도 공통으로 지적한 것이 '토론식 수업을 해야 한다'라는 것이었다. 학교에서 민주주의와 정치에 대해 교육하는 것도 물론 중요한 일이고, 수업에서 토론이 필요한 것도 맞는 말이다. 하지만 그 이상으로 학교가 준비해야 할 것들이 있다. '18세가 되었을 때 선거에 잘 참여할 수 있게 교육한다'는 것과, '정치 활동을 하는 (18세) 청소년들과 함께하는 학교를 만들어 간다'는 것은 다른 일이다.

예를 들어, 선거권이 생긴다는 것은 현행법상 공식적으로 정당 당원이 될 자격을 가진다는 뜻이기도 하다. 그러나 상당수 학교들이 학생의 정치 활동을 금지하는 규칙, 학교장의 허락 없이 교외 행사나 단체에 참여하는 것을 규제하는 규칙 등을 두고 있기에 이와 정면으로 충돌하게 된다. 만약에 어떤 18세 고등학생이 학교 안에 정당 모임을 만든다고 했을 때 학교에서는 어떻게 대처할 것인가? 동아리로 등록하겠다고 하면? 종교 동아리는 가능한데 특정 정당의 동아리는 불가능한가? 학생회가 특정 정당과 관계를 맺고 학교 개혁을 추진하면 어떻게 반응할 것인가?

현행 법 체계가 낳는 불합리도 있다. 18세부터만 선거권이 있고 선거운동과 정당 가입이 가능하고 그 미만은 금지해야 한다면, 학교에서는 18세 이상인 학생에게만 정치 활동을 허락할 것인가? 그러면 생일이 지나서 만18세가 되었는지 안 되었는지 매번 따질 것인가? 정당하지도 못하고 실무적으로도 비현실적인 이야기다. 이러한 문제들 앞에서 학교는 해 오던 대로 정치 금지를 선언하고, 수업 안으로만 토론과 정치적 이슈를 한정시키려고 할 가능성이 크다. 그리고 이는 정치를 박제하고, 교사의 가르침과 국가가 정한 교육과정 안으로 가두는 결과를 낳을 것이다.

적어도 대자보를 게시하는 일을 '남에게 자기 의견을 강요하는 것'이라고 생각하는 학교는 전혀 '정치판이 될' 준비가 되어 있지 않다. 강요와 강요 아닌 것을 구분하는 것은 근대적 민주주의에서 기초적인 것이다. 강요와 직접적 폭력은 제거하거나 최소화하고, 그러면서도 서로 합리성을 가지고 있다고 가정한 평등하고 자유로운 주체들이 각자의 주장과 가치관을 이야기하고 서로에게 영향을 끼치면서,

토론·선전·선동*을 통해 집단적 의사를 형성해 가는 것이 민주주의적 정치의 전제다. 현실에는 미디어 독점과 이데올로기적 격차, 그리고 발언력의 엄연한 차이가 있긴 하지만 그럼에도 이러한 원칙은 유의미하다.

그러나 많은 학교들에는 여전히 체벌이나 '기합' 등 자의적인 폭력의 가능성이 남아 있고 평등을 부정하고 있으며, '교육'이라는 이름으로 강요를 정당화하고 있다. 학생들을 주체성이 없는 교육의 대상으로 생각하기 때문에 의견의 표현과 강요를 구분할 필요성을 느끼지 못하는 것이다. 학교가 수업과 같이 정해진 틀 안에서 선별된 정보와 지식만을 전달해야 한다는 믿음 역시 반(反)정치적이다. 우리가 틀릴 수도 있고 다른 의견과 입장을 가질 수도 있으며 그럼에도 우리는 우리의 입장과 주장을 내세울 수 있고 내세워야 한다는 것을 인정하는 것이 정치적 활동의 전제이다. 학교는 '토론 형식의 수업'을 도입하는 것보다 더 근본적인 부분에서 바뀌어야 비로소 정치를 받아들일 수 있을 것이다.

청소년들이 참정권을 가질 때, 학교는 무엇을 준비해야 하는가? 물론 학교에는 일종의 규칙이나 약속이 있어야 할 것이다. 하다못해 동아리들의 학교 공간 활용에 관한 것이든, 대자보 및 게시물 관리의 규칙이든 말이다. 그러나 그러한 규칙은 정치적 자유를 공평하게 누

---

* 선동은 보통 부정적 뉘앙스로 쓰이지만, 그 뜻은 사실 '부채질'이다. 다른 사람을 행동하도록 부추기고 촉구하는 것이다. 우리가 함께 행동할 수 있는 기회, 선동의 자유는 정치의 핵심이다.

리기 위해 필요한 것이고, 이는 정치적 자유가 보장됨을 전제로 한다. 초·중·고등학교가 먼저 준비해야 하는 것은 학교가 '정치판'이 될 수 있다는 것을 받아들이는 것이고, 정치하는 청소년들과 함께하는 일상을 준비하는 것이다. 대학교라는 선례가 있기에 시행착오는 생각보다 많이 줄일 수 있을지도 모른다.

'18세 선거권'을 그저 만18세부터 투표를 할 수 있다는 것 정도로 받아들인다면, 청소년 참정권을 이야기하면서 18세 선거권 이상으로 구체적인 이야기는 하지 않는다면, 학교교육은 변하지 않을 것이다. 학교는 '선거권 연령 하향 시대'에 적응하기 위해서가 아니라, 스스로 변화하기 위해 준비해야 한다. 그것은 촛불 광장에서 열린, 사회와 삶과 통합된 민주주의·정치교육의 장을 학교 안에도 만드는 작업이다.

학교 민주주의,
'학생 사회'를 상상하라

|

배이상헌 광주교육연구소, 중등 교사 chamtear@daum.net

어눌하지만 진실한 교육 해방의 방랑자, 성평등의 미래를 꿈꾸는 원시인, '차이'를 하나님으로 섬기며 나누기를 갈망하는 도덕윤리 교사. 학급과 학교에 걸쳐 학생 사회를 회복해 내는 것이 교사상과 교육의 제자리 찾기를 위한 알파와 오메가라고 생각합니다. 자치공동체교육을 교육의 지향으로 꿈꿉니다.

바야흐로 '민주시민교육'이 교육 개혁의 새로운 대세로 떠올랐다. 일과성 이슈가 아니라 이 시대 교육 개혁의 트렌드로 부상하고 있는 것이다. 민선 2기 교육감 선거에서 전국의 진보 후보들이 공통 공약으로 민주시민교육 활성화를 내걸었으며, 박근혜 정부 시기 역사 교과서 국정화로 대표되는 국가주의 우경화 교육에 적극적으로 대응하기 위해 새로운 교육 개혁 프레임이 필요하기도 했다. 4.16 세월호 참사를 겪으며 교육 혁신에 대한 절박감이 커진 것 역시 민주시민교육 담론이 지속적으로 확대되는 계기가 되었다. 민주시민교육의 정책 과제 또한 '광주형'이니, '서울형'이니 하는 수사와 더불어 구체화하는데, 조희연 서울시 교육감은 2015년 '서울교육청 민주시민교육 기본 계획'을 발표한 데 이어 2106년에는 '민주시민교육 2.0 추진 계획'으로 정책의 무게를 한층 탄탄히 하였다. 또 2016년 4월에는 이재정 경기도 교육감을 비롯한 전국의 14개 시·도 교육감들이 '416교육체제 선포식'을 가졌는데 그것 역시 민주시민교육을 주 내용으로 하고 있음은 주지의 사실이다.

 이 글은 현 시기 민주시민교육 담론을 촌평하면서, 학교 민주주의를 위한 실질적 프레임으로서 '학생 사회'를 제안하고 상상할 것이다. 바람직한 당위일수록 유사품도 많고 쟁점도 다양하다. 현실의 학교에서 바라볼 때 민주시민교육이나 학교 민주주의, 학생 사회 그 모든 것이 유토피아처럼 비현실적으로 비치기도 한다. 다종다양한 위치에서 갖는 갈망이기에 위의 가치들이 구체적 현실에선 매우 다른 모습으로 받아들여지며, 누군가에겐 형식에 불과할 것이 또 다른 이에겐 매우 신선하고 역동감이 느껴지기도 할 것이다. 결국 우리는 민주시민교육, 학교 민주주의, 학생 사회에 대하여 큰 그림을 맞추고자 한다. 그리고 교육 주체가 해야 할 역할에 관하여 몇 가지 문제의식을 제기할 것이다. 논쟁적인 판단을 즐겼으면 좋겠고 또 그 판단을 책임질 수 있었으면 한다.

민주시민교육은 왜 '시민교육'인가

먼저, 민주시민교육은 공교육의 바람직한 미래일까? 아니면 회복하고 지켜 내야 할 사회 계약일까?

질문의 의도가 궁금하겠지만 단도직입적으로 말해서 민주시민교육은 이미 공교육 제도를 가능하게 했던 역사적 뿌리이다. 즉 공교육의 미래가 민주시민교육으로 나아가야 한다고 진술하는 것은 부적절한 표현이다. 왜냐하면 공교육 그 자체가 민주 시민을 양성하고자 하는 사회적 계약이었기 때문이다. 여기서 언급하는 계약이란 임의의 추상적 약속을 말함이 아니다. 민주시민교육은 헌법과 교육 관련 법에 구체적으로 명시되고 신탁된 것이다. 다시 말해 시민이 도덕적으로 설득하고 호소하며 정치적 공감대를 확산시키려 운동하는 차원의 문제가 아니라 이미 법제화된 것들을 관련 법령으로 구체화하고 있는지, 시행하고 있는지를 감시하고 요구하는 권리 행사 차원의 문제인 것이다.

공교육의 발생 배경을 다시 한 번 확인해 보자. 몇 가지 흐름을 떠올릴 수 있지만 공교육의 이념을 근대 국가적 차원에서 체계화하고 세계적 차원에서 가장 크게 영향을 끼친 것은 프랑스였다. 영국이나 독일이 지배 계급의 권력 질서의 방어 장치로서 국가가 공교육을 끌어안은 측면이 다분하지만 이 역시 프랑스 공교육의 이념적 성취를 외면하고 거스를 수 없었다. 혹여 피지배 계급을 속임질하는 미사여구가 될지라도 프랑스 공교육의 슬로건을 자국의 법체계에 반영하는 추세가 일반적이었다. 그렇다면 프랑스가 만든 공교육은 무엇인가?

19세기 초 프랑스는 혁명의 성취를 지속하고 항구화하기 위해서도 부모의 신분, 재산과 무관한 평등한 자기계발의 제도로서 공교육을 구상하였다. 봉건적 신분주의를 탈출하여 평등한 기회의 제도로서 공교육이 전면화할 때 근대 시민 사회와 자본주의를 뒷받침하는 개인주의 이데올로기가 비로소 완성될 수 있었다. 또 혁명이 성취한 사회를 발전시키고 반혁명 세력으로부터 방어하기 위해서도 공교육을 통한 공공의 시민을 양성하는 것은 매우 의미심장한 기획이었으며, 새로운 국민(시민)의 배출은 곧 근대 국가를 완성하는 일이었다.

> 우리는 모든 사람을 위해 보통교육을 실시해야 한다. 모든 것이 가정교육 아래에서는 편협해지지만 공교육 아래에서는 발전한다. 나 역시 아버지이다. 그러나 나의 아들은 내게 속해 있지 않다. 그는 공화국에 속해 있다. 국가는 어린이가 국가에 잘 봉사하도록 하기 위해 그가 해야 할 것을 결정한다.
>
> - 프랑스혁명기 국민공회의 당통의 발언

사회가 온 힘을 다해서 공공의 이성의 발달을 촉진시켜 주고 모든 시민이 접할 수 있는 교육을 제공해야 한다.

- 1793년 6월 통과된 프랑스 헌법

자연 상태를 벗어나 사회 상태로 전환되는 것 자체가 세계 시민의 가능성이 역사적으로 실현되는 것이다.

- 칸트

대한민국의 〈교육기본법〉 제2조(교육 이념)는 "모든 국민으로 하여금 인격을 도야하고 자주적 생활 능력과 민주 시민으로서 필요한 자질을 갖추게 함으로써 인간다운 삶을 영위하게 하고 민주 국가의 발전과 인류 공영의 이상을 실현하는 데에 이바지하게 함을 목적으로 한다"라고 공교육 시스템에서 민주시민교육의 지위와 그 법적 근거를 분명히 밝히고 있다. 즉 교육운동이 꾸준히 언급했던 교육 공공성 담론은 '공교육의 민주 시민 양성과 민주 국가, 인류 공영' 등의 표현으로 법적 근거를 이미 확보하고 있었다. 그런데도 왜 우리는 민주시민교육을 구걸하듯 청원하고 있는가? 민주시민교육을 교육 소비자의 위치에서 도덕적 호소를 통해 요청하는 접근 방식은 부적절하다. 그러한 태도는 민주시민교육의 교육 이념적 지위와 법률적 근거를 주권자 스스로가 기억하지 못하고 있음을 드러내는 것이다. 민주시민교육은 시민의 주권으로 당당히 요구하고 강제하는 것이 교육시민운동과 입법운동의 올바른 모습일 것이나, 한국 사회 공교육의 가장 심각한 문제는 결국 공교육의 존재 이유에 대한 합의가 부재하다는 것 아니겠는가? 법조문에 대한 기억 상실은 사실 사회적 합의의 부재로 인한 것일 테니 말이다.

다음, 민주시민교육이라는 단어는 매우 다양한 의미로 사용된다. '민주 시민'과 '시민'의 차이는 무엇일까? 전자의 뜻은 본디 민주주의 정치 체제의 시민으로서 민주주의 정치를 잘 이해하고 실천하며 활용하는 시민을 일컫는다. 즉 '시민'보다는 '민주'에 힘이 실려 있으며 이 사업을 안정적이고 지속적으로 진행하는 대표적 기관이 중앙선거관리위원회일 것이다. 따라서 '민주시민교육'은 정치학적 프로젝트에 가깝다면, '시민교육'은 사회학적 프로젝트에 가깝다. 공교육의 정체성으로서 공공公共의 시민을 양성한다 함은 '민주시민교육'적 쓰임새이기보다는 '시민교육'적 쓰임새에 부합한다. 그럼에도 한국 사회에서 '시민'은 오랫동안 '혁명'과 내통하고(시민혁명!) 어느 순간 '국민'에 반하는 의식화된 용어로 분류되기 십상이었다. 하여 '시민교육'을 논하기가 쉽지 않았으며, 혹은 '민주시민교육'이라고 쓰고 '시민교육'이라고 마음에 새기는 의식의 편의적 경사傾斜가 다반사였다. 다시 한 번 묻고 싶다. 당신의 의식은 '민주주의'에 경사되는가? '시민'에 경사되는가? 광주시교육청의 교육 지표는 '더불어 살아가는 정의로운 민주 시민 육성'이다. 서울시교육청은 민주시민교육 2.0의 슬로건을 "학생을 시민으로, 학교를 시민 사회로!"로 제시했다. 서울시교육청이 비로소 근대 시민 사회의 근대 국가 체제를 주도할 '시민'을 공식적인 교육 행정의 언어로 불러들인 것이다.

통상 교육부나 각 시·도교육청의 주요 업무로 명명하는 '민주시민교육'은 대체로 다음의 것들을 의미한다.

민주시민교육의 갈래

1. 시민 대상 사회교육 프로그램
2. 시민 양성 공교육 - 교육 이념, 교육과정의 사회적 합의 현실화
3. 민주시민교육 - 민주주의 정치 체제 이해 교육(선관위)
4. 공공적 가치 교육 - 생태교육, 노동인권교육, 5.18교육, 성평등교육 등
5. 교과교육의 지향 가치로서 시민교육
6. 세계시민교육 - 보편적 존재 이해, 국제 사회의 평화 공존과 상호 발전을 위한 제 기준 이해와 시민성 함양

전교조나 교육시민운동의 주체들이 표현하는 것도 마찬가지다. 문제는 각자 자신이 선호하는 의미에 갇혀 타인의 다른 의미들에 열려 있지 않고 종종 오해를 한다는 것이다. 〈교육기본법〉의 교육 이념이 밝히는 것은 '민주 시민'이라고 표현하였지만 교육 이념 수준의 의미를 엄밀히 밝히자면 '시민 양성 공교육'에 해당할 것이다. 그것은 공교육의 전체 교육과정이나 교사 일반의 전문성에 이르기까지 규정력을 발휘하는 개념이다. 국가의 교육법에 근거하여 "당신은 왜 교사인가?"를 묻는다면 그 질문에 가장 적합한 대답은 "나는 '공공의 시민'을 양성하는 영예로운 직무를 수행하고자 교사가 되었습니다"라고 답하는 것이리라. 초등 교사든, 영어 교사든, 기술 교사든, 도덕 교사든 그 모두는 '공공의 시민'이 어떻게 성장하고 발달하는지에 민감한 전문가임이 마땅할 것이다.

따라서 위의 법적 근거, 역사적 배경을 정확히 공유했다면 시민교

육이 공교육의 이념으로서 그에 합당한 지위와 역할을 발휘하고 있는지 확인하고 감시하는 역할이 필요하다. 즉 공교육의 모든 교육과정과 장학 영역을 총괄하는 목표와 가치로서 시민교육의 이념적 지위를 회복시키는 것이다. 각 시·도교육청의 장학 시책은 각 교육청을 디자인하는 교육 지표나 슬로건에서 '민주 시민'을 언급하는 사례가 있을 뿐, 대부분 민주시민교육을 역사의식, 인권, 평화·통일, 인문학, 환경·생태, 다문화 등의 가치 중심 주제 교육이나, 문화·예술, 독서 토론, 학생 자치, 생활교육 등과 같은 업무 영역으로 서술하는 데 그치고 있다. 혹은 관련한 인정 교과서를 개발하고 이를 보급하는 것쯤으로 말이다.

시민교육 실천의 올바른 전략은 교육청과 교육부의 교육과정 개념을 정상화하고, 업무 추진 계획의 체계를 바로잡는 것이다. 시민교육은 학교 혁신, 공교육 정상화를 설명하는 본래의 의미이며, 현재의 학벌 사회, 입시 교육 질서와 근본적으로 궤도를 달리하는 교육 이념 수준의 핵심 가치를 칭하는 표현이다. 하여 시민교육을 교육부·청의 여러 업무 영역 중 하나로 위치 짓는 접근 방식과 구분해 모든 업무와 교육과정 영역을 총괄하고 조정하는 전략적인 지위와 역할이 시민교육에 주어져야 한다.

학교에 학생 사회는 있는가

학교 차원의 시민교육 담론은 그야말로 백가쟁명이다. 실천 교사들 각각의 준비된 역량과 관심사에 따라 다양한 실천 영역이 제시되는 것은 매우 바람직하고 다행스러운 일이다. 문제는 교사의 눈높이에서 교사의 자족적 활동을 중심으로 입력 요소에 집중할 뿐 학생의 눈높이에서 학생의 삶의 성장과 집단적 정치력의 변화와 같은 출력 요소에 무관심하고 무책임하다는 것이다. 이런 우려는 현재 학교에 쏟아지는 수많은 주제 교육의 의무 시간(학교폭력, 인권, 안전, 성폭력 등 통계에 따르면 합산하여 150여 시간에 육박한다)들이 어떤 효과를 갖는가를 살피더라도 공감하기 어렵지 않을 것이다. 즉 학생들의 생활과 관계 방식에 대한 새로운 착안 없이 시민교육을 강조하는 것은 또 다른 질곡이고 주입에 머무르기 쉽다.

학교교육에 대한 시민교육의 전략에서 무엇보다 중요한 것은 학교가 학생에게 시민 사회 수준의 학생 사회를 성장 경험으로 제공하는 것이다. 즉 학교 시민교육은 '학생 사회 활성화'를 중심에 두고 여타의 것들이 그것에 기여하는 맥락에서 학교 문화를 설계하고, 학교 혁신을 구상하는 것이 적절하다. 2014년 이재정 경기도 교육감의 '9시 등교' 제안은 학생의 삶을 배제하고 진행하는 교육 활동으로부터 학생의 삶을 교육 활동의 근간으로 삼는 교육 정책의 표현력을 드러냈다. 물론 학교 현장에서는 그 취지가 충분히 왜곡되었을 것이고, 일회적인 표현은 일과성 미사여구로 전락할 가능성도 충분하다. 9시 등교 정책을 수용했던 광주시교육청은 학교 공간에서 학생의 삶을 회복하려는 문제의식은 일체 언급이 없고 이를 다만 등교 시간에 대한 민주적 합의의 문제로 전락시켰으며 그나마도 현장에서는 형식적 순응에 그쳤으니까 말이다. 학교가 학생에게 단조로운 고시원 — 초등과 중등의 차이는 있으나 현재의 학교는 그것이 본질이다 — 으로 각인되는 것을 벗어나 학생의 삶이 표현되고 존중되며, 관계와 문화, 언론과 학문, 학생 집단의 정치력이 경합하는 정상적인 시민 사회로 학교를 탈바꿈시킬 때에 교육의 진정한 역할과 쓰임새가 있지 않겠는가? "학생을 시민으로, 학교를 시민 사회로!"라는 서울시교육청의 슬로건은 잠깐 스치고 지나가는 일회적 언설이 아니고 학교교육에 대한 교사·학부모·학생 및 시민 사회의 상상력의 대전환을 가져오는 마중물이 되어야 한다.

서울시교육청의 슬로건이 그렇듯 반가움에도 불구하고 여전히 미덥지 못한 것은 관료 조직의 슬로건 행정이 갖는 뻔뻔한 영악스러움 때문이다. 시민의 힘이 닿지 않는 곳에서 관료 조직이 자행하는 노골적인 거짓말은 정치인의 거짓말보다 훨씬 큰 상처를 남긴다. 하물며 성인도 아니고 보호의 대상이라고 하는 학생들을 대상으로 하는 언설이야 얼마나 노골적이고 얼마나 뻔뻔하겠는가? 학생들이 시민 사회가 부재하다고 항의하지는 않을 테니 말이다. 그들은 노골적으로 거짓말을 한다. 버전을 업그레이드했다고 하는 것이 때론 거짓말의 업그레이드로 확인되는 경우가 한두 번이 아니다.

때문에 '학교 민주주의'를 시민교육의 중심 가치로 언급하고 혹시는 평가 척도로 삼는 행정의 언설에 대해 우리는 충분히 의심해야 하며 조심해야 한다. 그간 '학교 민주주의'는 교육 행정 조직의 위기를 탈출시키는 단골 거짓말로 수차 활용되었기 때문이다. 1995년 5.31교육개혁의 백미라고 평가받았던 '학교운영위원회(학운위)'의 현실을 생각해 보라. 지금도 차마 팽개치지 못하나 먹잘 것 없는 학교 민주주의의 비참한 상징이 바로 학운위 아닌가 말이다. 무수한 시민,

학부모의 노력에도 불구하고 학운위가 기대 이하일 수밖에 없음은 학부모, 교사 및 지역 사회가 자생적 사회로서 독자성을 갖지 못하기 때문이다. 한편에서는 학생 대표의 학운위 참여를 주장하지만 지금의 학운위 수준에서 그러한 슬로건은 학교 민주주의 담론의 허상을 키우고 그나마 존재하는 학생의 민주 역량을 '고양이에게 생선 가게 맡기듯' 팔아먹는 꼴이 될 것을 우려하지 않을 수 없다. 지난 20여 년 동안 교육부가 발표한 대책에는 꼭 학부모, 학생이 참여하는 무슨 협의회를 운영하겠다는 등의 표현들이 단골로 출현했다(교육과정위, 생활규정개정위, 학폭위 등 무수하다). 뿌리도 실체도 없는 가식 민주주의, 광고탑 민주주의를 교육부는 위기 모면책으로 우려먹고 또 우려먹었다. 그러므로 시민교육을 학교 단위에 적용하는 것에 대해 학교를 시민 사회로 만들겠다는 과장된 언설보다 학생에게 학생 사회를 돌려주고, 학교를 관료 조직이 아닌 '사회' 그 자체의 생태계로 돌려달라고 말하는 것이 훨씬 정직하고 순수한 판단이다.

현실의 학교, 그곳에서 살아가는 학생의 삶과 집단적 관계를 살펴보자. 1980년대 이후 극심한 입시 경쟁과 학원 시장의 활성화는 학생들의 공동체를 파괴하였으며, 학생들이 자율적으로 만지작거릴 수 있는 '시간'들을 박탈했다. 교육 개혁이랍시고 학교 교육과정은 세련되어 가는 듯하지만 6차 교육과정까지 존재했던 주 1회의 학급 회의와 동아리 시간은 7차 교육과정 이후 등장한 기만적 '창체(창의적 체험 활동)'로 인해 정규 교육과정에서 사라지고 말았다(약간의 시간은 남아 있어도 허울뿐으로 진행되지 않거나 진행하기 어려운 것이 현실이다). 방과 후 학교와 보충 학습은 학급 담임과 학생들의 만남을 어렵게 하였으며, 학생 자치 활동을 원천 봉쇄했다. 1990년대 초까지도 중등학교의 학생회는 예산에 대한 권한을 가지고 있었다. 실제로 권한이 주어지지 않은 형식적 운영을 현실화시키는 것이 당시 중·고등학생운동의 주요 과제였다. 그러나 현재의 자치 활동에서 예산이란 개념은 사라진 지 오래이다. 학생 자치 활동은 〈초·중등교육법〉 조문에 명시된 내용*으로 일찌감치 법제화된 바 있다. 하지만 시행령의 뒷받침이나 교육과정 및 학교 환경의 지원이 없는 이 조문은 교육법의 허구를 가장 잘 드러낸 대표적 사례일 것이다. 2004년 초 제정된 〈학교폭력예방 및 대책에 관한 법률〉은 학교 사회, 학생 사회를 원천적으로 부정한다. 동 법률은 학교폭력을 '학교라는 낯선(?) 장소'에서 일어난 개인 간의 폭력으로 바라볼 뿐, 학교나 학급공동체의 협력과 연대를 무너뜨린 가해 행위로서 당사자의 책임과 반성에 대해선 관심을 갖지 않는다. 학교는 입시 학원처럼 개개인의 이익을 위한 고립된 행위만이 존재하며 그와 관련한 민원만을 처리하는 것이 교직자의 책무라고 설명한다. 10여 년이 지나는 동안 학교는 법적 소송을 준비하고 예방하는 곳이 되었을 뿐이다. 현재의 학교에서 학생에게 시민적 협력을 가능하게 하는 민주적 절차는 부재하기만 하다. 학년이 올라갈수록 학생들은 모래알처럼 흩어지고 체득하는 것은 자신의 자존심을 지키기 위한 비관적 현실주의와 냉소 혹시는 혐오까지이다. 학교는 시민의 싹을 밟고 눈치와 처세의 달인, 무질서한 군중들을 무

---

* 〈초·중등교육법〉 제17조 (학생 자치 활동) 학생의 자치 활동은 권장·보호되며, 그 조직과 운영에 관한 기본적인 사항은 학칙으로 정한다. [전문 개정 2012.3.21.]

한 육성, 배출하는 모판이 되었다.

학생 사회 생태계의 복원을 위하여

학교에 학생 사회는 있는가? 학생 집단은 있다. 학생 조직은 있다. 그러나 학생 사회는 없다. 집단이 있고 조직이 있으니 학생 사회가 생겨나는 것은 자연스러운 일이 아니겠는가? 그런데 왜 학생 사회가 생겨나지 않는 것인가? 매우 부자연스러운 일이지만 이것이 현재의 학교 생태계라는 점을 우리는 주목해야 한다. 그 이유는 무엇보다 학교가 여전히 관료들에 의해 관리되는 조직으로서 '사회'가 아니라는 것이다. 둘째로 학생 사회를 배양하는 데 직간접적 영향을 미칠 교사 사회의 성장이 지극히 미흡한 상태로 관료 조직의 직접적 영향에 짓눌려 있음이며, 셋째로 학생 사회를 숨 쉬게 할 참여 자치의 학교 운영 시스템이 부재하고, 청소년들의 삶의 표현과 소통(청소년 문화)을 교육 활동의 바탕으로 삼는 학교 교육과정이 부재하다는 점을 꼽아야 할 것이다.

오랫동안 학생 자치 활동의 필요성과 방도에 대해 고민하고 살았다. 하지만 학생 자치 활동의 활성화라는 표현들이 관리 조직의 학교에서 분절적인 교사 중심의 프로그램 정도로 이해되고, 비현실적이고 계몽적인 회의법이나 자치법정교육에 그치는 그 두터운 벽에 절망한다. 자치는 차라리 다음 문제이다. 시민 양성 공교육을 위하여 정말로 소중한 것은 소속감과 연대감으로부터 협력의 가능성과 필요성, 책임감까지 끌어안고 서로 소통할 수 있는 학생 사회의 생태계를 회복하는 것이다. 학생 사회는 삶의 커뮤니티이다. 삶의 커뮤니티란 학교가 청소년 문화와 언론이 약동하고 참여와 자치의 학생 활동과 학생 집단의 정치력을 체험하는 공간으로 구체화하는 것을 의미한다. 그것이 학생 사회이며, 그것이 교육과정으로 뒷받침될 때 교육과정의 혁신이 비로소 성취되는 것이다. 이때에 비로소 마을교육공동체도 가능하다. 학생 사회를 봉쇄하고, 학생의 삶이 없는 곳에서 마을교육공동체는 그냥 '호두 없는 호두과자'일 뿐이다.

시민교육은 학생 사회를 적극 기획해야 한다. 학생 사회를 겨냥하지 않는 학교 혁신이란 교사의 눈높이에서 설계된 학교 혁신일 뿐이다. 학생의 눈높이에서 학교 제도가 바뀌고 학생의 생태계가 뒤집어지면서 학생 사회가 약동하는 것을 상상할 수 있을 때에 학교는 진정 학교 혁신과 시민교육의 항해 지도를 손에 쥘 수 있다. 이때 학생 사회의 생태계를 구성하는 핵심 원리는 이미 시작되고 진행된 '복지'와 '인권'이며, 또한 앞으로 화려하게 펼쳐질 '자치'와 '문화'이다.

학생 사회 - 학교 혁신

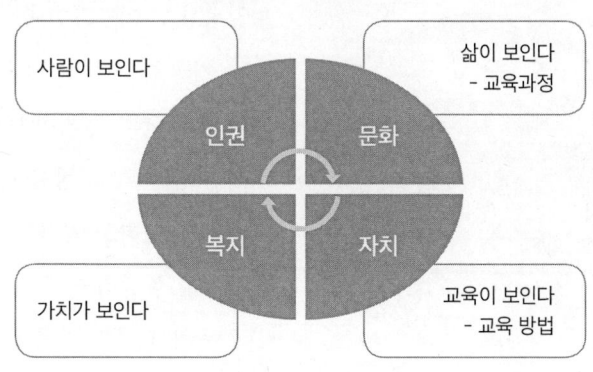

2000년대 중반 교육부가 진행한 교육 복지 사업은 학교와 공교육의 존재 이유에 대한 새로운 도전이었다. 개별 경쟁과 학습 중심의 학교가 아닌 공존의 삶과 배움에 대한 국가의 책무를 깨닫게 했다. 2010년 이후 확산된 학생인권조례는 헌법이 보장하는 불가침의 인권을 자각하고 폭력의 학교를 벗어나는 단초가 되었다. 오래된 미래, 〈초·중등교육법〉 17조의 '자치'는 여전히 잠들어 있다. 학생 자치와 참여가 제도화되고 권한이 주어지며, 교육의 방도로서 이해된다면 (학생회, 동아리, 학급, 교과 운영, 학교 행사 등에서) 교사와 학생의 만남은 변화하고 교육 방법에도 혁신이 이루어질 것이다. 여기에 청소년 문화가 학교생활의 원리로 확산되면 학교 교육과정의 원리와 지향은 크게 변화하면서 청소년의 삶과 놀이가 배움의 방법과 과정으로 진화할 것이다.

학생 사회를 불러내는 학생 집단의 생태계 구성 작업은 심층적인 진단과 고민을 필요로 한다. 분명한 것은 보호와 통제를 중심으로 좋은 것만 보여 주어야 하는 단조로운 학교상을 벗고, 일정한 가이드라인 안에서 감당 가능한 시행착오와 도전을 학생 집단의 정치력과 내면의 책임 의식의 성장을 통해 스스로 성취하고 공유하는 학생 사회를 상상하는 것이다.

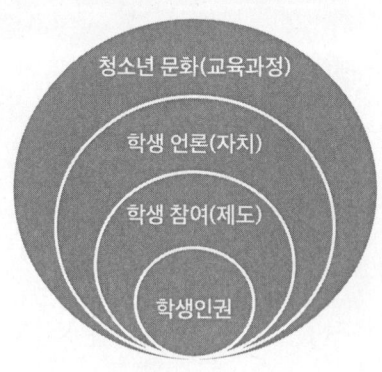

학생 사회의 기초와 발전

우리가 무엇 때문에 학생인

권을 부르짖었는가? 단지 체벌을 멈추고 두발 단속의 고통으로부터 학생을 해방시키고자 함이었던가? 인권은 학생을 삶의 주체로 불러내고, 교육의 주체로 초대하기 위함이었다. 그런 점에서 시민교육 없는 학생인권조례는 결국 길을 상실하고 말 것이다. 참여 자치의 학생사회, 문화와 언론이 활개 치는 학생 사회를 상상하고 토론하자. 학생 사회의 설계는 단지 잠재적 교육과정의 활성화만을 의도하는 것이어선 안 된다. 개별 교과의 교육과정과 학교 교육과정이 학생의 참여 자치 활동과 청소년 문화를 다양하게 활용하고 융합할 수 있도록 기획하고 학생과 교사가 함께 설계해야 한다. 학생들에게 교육과정에 대한 다양한 토론과 기획을 허락하는 소통의 공간을 확대해야 한다. 학급, 동아리, 학생회 등의 잠재적 교육과정의 조직 활동이 공식적인 교육과정의 기획과 평가 등에 다각적으로 관심을 갖도록 발전되어야 할 것이다. 그제야 비로소 동아리·창체 교육과정이 기본 교과의 교육과정과 이질적 두 갈래의 혼합이 아닌 씨실과 날실로서 삶과 배움을 직조할 것이다. 그것이 진정한 의미의 교육과정의 융합이다.

학교 혁신의 비전과 상상력은 이제까지 교사 중심으로 설계되었다. 수업 혁신이나 업무 정상화, 교직 문화와 생활교육의 혁신은 그야말로 교사 중심의 언어이며, 눈높이이다. 학생의 시선에서 학교가 학생들의 삶터, 놀이터이며, 배움이란 삶과 문화, 협력의 지성임을 당당하게 자랑스럽게 증명하자. 1970~1980년대 학생들이 향유했던 학급 회의도 죄다 봉쇄해 버리고 학생들이 모니터만 쳐다보는 것을 창의적 체험 활동이라고 우겨 대는 못된 생태계를 무너뜨리고 시민교육의 학생 사회를 회복하자. 학생 사회를 적극 기획하자.

교육공동체 벗

교육공동체 벗은 협동조합을 모델로 하는 작은 지식공동체입니다.
협동조합은 공통의 목적을 가진 사람들이 모여서 만든
권력과 자본으로부터 독립된 경제조직입니다.
교육공동체 벗의 모든 사업은 조합원들이 내는 출자금과 조합비로 운영됩니다.
수익을 목적으로 하지 않기에 이윤을 좇기보다
조합원들의 삶과 성장에 필요한 일들과
교육운동에 보탬이 될 수 있는 사업들을 먼저 생각합니다.
정론직필의 교육전문지, 시류에 휩쓸리지 않는 정직한 책들,
함께 배우고 나누며 성장하는 배움 공간 등
우리 교육 현실에 필요한 것들을 우리 힘으로 만들고 함께 나누고 있습니다.

조합원 참여 안내

출자금(1구좌 일반 : 2만 원, 터잡기 : 50만 원)을 낸 후 조합비(월 1만 5천 원 이상)를 약정해 주시면 됩니다. 조합원으로 참여하시면 교육공동체 벗에서 내는 격월간 교육전문지 《오늘의 교육》과 조합 통신을 받아 보실 수 있습니다. 출자금은 종잣돈으로 가입할 때 한 번만 내시면 됩니다. 조합을 탈퇴하거나 조합 해산 시 정관에 따라 반환합니다. 터잡기 조합원은 벗의 터전을 함께 다지는 데 의미와 보람을 두며 권리와 의무에서 일반 조합원과 차이는 없습니다. 아래 홈페이지나 카페에서 조합 가입 신청서를 내려받아 작성하신 후 메일이나 팩스로 보내 주세요.

홈페이지 communebut.com
카페 cafe.daum.net/communebut
이메일 communebut@hanmail.net
전화 02-332-0712, 070-8250-0712
팩스 0505-115-0712

교육공동체 벗을 만드는 사람들

※ 하파타 순

후쿠시마 미노리, 황지영, 황정일, 황정원, 황정인, 황정욱, 황이경, 황윤호성, 황순임, 황봉희, 황귀철, 황규선, 황고운, 홍정인, 홍유지, 홍용덕, 홍순성, 홍세화, 홍성구, 홍석근, 현복실, 현미열, 허효인, 허창수, 허성균, 허보영, 허기영, 허광영, 함점순, 합영기, 한학범, 한채민, 한지혜, 한은ოቾ, 한영옥, 한영선, 한소영, 한성찬, 한봉순, 한민혁, 한만중, 한날, 한길수, 한경희, 하정호, 하인호, 하승우, 하승수, 하순배, 하광봉, 탁동철, 최희성, 최현숙, 최현미, 최진규, 최주연, 최정ौ, 최정아, 최은희, 최은정, 최은영, 최은숙, 최은경, 최윤희, 최윤혜, 최영식, 최영미, 최연희, 최연정, 최애영, 최승훈, 최승복, 최슬빈, 최선영, 최선경, 최봉선, 최보람, 최병우, 최미영, 최미선, 최류미, 최대현, 최기호, 최광용, 최경미, 최경련, 최강토, 채효정, 채종민, 채윤, 채옥엽, 채민정, 조향미, 조해수, 조진희, 조지연, 조준혁, 조주원, 조정희, 조용현, 조은정, 조윤성, 조원배, 조용진, 조영현, 조영욱, 조영실, 조영선, 조여은, 조여경, 조수진, 조성희, 조성실, 조성배, 조성대b, 조성대a, 조석현, 조석영, 조상희, 조문경, 조남규, 조경애, 조경아, 조경삼, 조경미, 제남모, 정희영, 정희선, 정홍용, 정혜령, 정현진, 정현주, 정현숙, 정혜레나, 정태희, 정춘수, 정철성, 정진영b, 정진영a, 정진규, 정종현, 정종민, 정재학, 정이든, 정은희, 정은주, 정은균, 정유진, 정유숙, 정유섭, 정원탁, 정원석, 정용주, 정예슬, 정영현, 정영수, 정애순, 정선영, 정보라b, 정보라a, 정미숙b, 정미숙a, 정명옥, 정명영, 정득년, 정대수, 정남주, 정광호, 정광일, 정관모, 정경원, 전혜원b, 전혜원a, 전정희, 전유미, 전세란, 전병기, 전민기, 전미영, 전명훈, 전난희, 장홍월, 장현주, 장진우, 장인하, 장은하, 장은미, 장윤영, 장원영, 장시준, 장상욱, 장병훈, 장병학, 장근영, 장군, 장경훈, 임혜정, 임향신, 임한철, 임지영, 임중혁, 임종길, 임정은, 임전수, 임은우, 임수진, 임성빈, 임성무, 임선영, 임상진, 임동현, 임동현, 임덕연, 이희옥, 이희연, 이효진, 이화현, 이호진, 이혜정, 이혜린, 이현, 이혁규, 이향숙, 이한진, 이태영b, 이태영a, 이태구, 이충근, 이초록, 이진혜, 이진주, 이진숙, 이지혜c, 이지혜b, 이지혜a, 이지현, 이지향, 이지영, 이지연, 이중석, 이준구, 이주희, 이주탁, 이주영, 이종찬, 이종은, 이정희b, 이정희a, 이재형, 이재익, 이재영, 이재두, 이인사, 이은희b, 이은희a, 이은향, 이은진, 이은주b, 이은주a, 이은영, 이은숙, 이윤정, 이윤희, 이유철, 이유미, 이유진, 이유리b, 이유리a, 이월녀, 이원님, 이용환, 이용숙, 이용석a, 이용기, 이영화, 이영혜, 이영주, 이영아, 이영상, 이연진, 이연주, 이연숙, 이연수, 이승헌, 이승태, 이승연, 이승수, 이슬기b, 이슬기a, 이순임, 이수정b, 이수정a, 이수연, 이수미, 이수경, 이소형, 이성원, 이성숙, 이성수, 이설희, 이선표, 이선영a, 이선영b, 이선애b, 이선애a, 이선미, 이상호, 이상화, 이상적, 이상원, 이상미, 이상대, 이병준, 이병곤, 이범희, 이민아, 이민경, 이미옥, 이미숙, 이미라, 이문영, 이명훈, 이명형, 이매난, 이동철, 이동준, 이도종, 이덕주, 이노민, 이남숙, 이난영, 이나경, 이근주, 이근영, 이광연, 이계삼, 이경화, 이경은, 이경욱, 이경연, 이경림, 이건진, 윤효은, 윤지형, 윤종원, 윤우람, 윤영훈, 윤영백, 윤상역, 윤병일, 윤규식, 유효성, 유재ول, 유은아, 유영길, 유수연, 유병준, 위지영, 위양자, 원지영, 원윤희, 원성제, 우창숙, 우지영, 우완, 우승인, 우수경, 오혜원, 오중근, 오제혁, 오정오, 오재훈, 오은정, 오은경, 오유진, 오승준, 오수민, 오세희, 오민식, 오명환, 오동석, 염정신, 여희영, 여태조, 엄창호, 엄지선, 엄재홍, 엄기호, 양해준, 양희선, 양지선, 양은주, 양은희, 양영희, 양애정, 양선화, 양선형, 양서영, 양상진, 안효비, 안찬원, 안지현, 안지윤, 안지영, 안준철, 안정선, 안용덕, 안옥수, 안영신, 안영빈, 안순역, 심항일, 심은보, 심승희, 심수환, 심동우, 심경일, 신혜선, 신혜정, 신충일, 신창호, 신창욱, 신중휘, 신중석, 신은정, 신은경, 신유준, 신소희, 신미옥, 신관식, 송호영, 송혜란, 송영근, 송정옥, 송민혜, 송소률, 송승윤, 송근희, 손호만, 손현아, 손진근, 손은경, 손성연, 손민정, 손미승, 소수영, 성현주, 성현석, 성규진, 성용혜, 성열관, 성상엽, 성나래, 설은주, 설원민, 선휘성, 선미라, 석옥자, 석경준, 서혜진, 서지연, 서정오, 서인선, 서이슬, 서은지, 서우철, 서예룬, 서명숙, 서금자, 서상곤, 상행규, 복준수, 변현숙, 백현희, 백인식, 백영호, 백승범, 배희철, 배희숙, 배주영, 배정현, 배정원, 배이상현, 배영진, 배아영, 배경내, 방득일, 방경내, 반영진, 박희진, 박희영, 박효경, 박호준, 박환조, 박혜숙, 박형진, 박현희, 박현석, 박형후, 박춘해, 박춘배, 박철호, 박진환, 박진수, 박지교, 박지희, 박지홍, 박지혜, 박지신, 박지원, 박정하, 박정미b, 박정미a, 박은하, 박은정, 박은아, 박은경b, 박은경a, 박유나, 박옥주, 박옥규, 박영실, 박신자, 박승철, 박수현, 박수진, 박세영a, 박세영b, 박성규, 박선영, 박복선, 박미희, 박명진, 박명숙, 박동혁, 박도정, 박도영, 박덕수, 박대성, 박노혜, 박나실, 박고형준, 박경화, 박경주, 박경이, 박건형, 박건진, 민은식, 민애경, 미진훈, 문정훈, 문정용, 문영주, 문영수, 문은숙, 문선숙, 문수영, 문선철, 문봉선, 문경희, 모은정, 마승희, 류형우, 류창모, 류정희, 류재향, 류유종, 류명숙, 류정원, 도정철, 도방주, 데와 타카유키, 노상경, 노미경, 노경미, 남효숙, 남주형, 남정민, 남윤희, 남유경, 남윤호, 남예린, 남미자, 남동현, 남궁역, 날명, 나규환, 김희정, 김회숙, 김홍규, 김훈태, 김효숙, 김훈규, 김혜영, 김혜경, 김요한, 김현주b, 김현주a, 김현주, 김현명, 김현영, 김현숙, 김현경, 김현택, 김하훈, 김필임, 김태훈, 김춘숙, 김천영, 김찬영, 김진희, 김진숙, 김진, 김지훈, 김지연b, 김지연a, 김지미b, 김지미a, 김지광, 김중미, 김준연, 김주영, 김종현, 김종원, 김종옥, 김종성, 김정희, 김정주, 김정식, 김정삼, 김재황, 김재민, 김인순, 김이은, 김이민경, 김은파, 김은영, 김은아, 김은식, 김은숙, 김윤주b, 김윤주a, 김윤주c, 김윤우, 김원석, 김우영, 김용은, 김용상, 김용란, 김요한, 김영환, 김영진b, 김영진a, 김영진, 김영희, 김영삼, 김연정, 김연일, 김연오, 김연미, 김숙숙, 김애령, 김아현, 김순천, 김수현, 김수진b, 김수진a, 김수정b, 김수정a, 김수경, 김소희, 김소영, 김세호, 김성탁, 김성진, 김성숙, 김성보, 김선희, 김선철, 김선우, 김선미, 김선구, 김석수, 김석규, 김상희, 김상정, 김상일, 김상숙, 김빛나, 김봉석, 김보현, 김명희, 김병준, 김병기, 김민희, 김민선b, 김민결, 김미향b, 김미향a, 김미진, 김미숙, 김미선, 김무영, 김표선, 김명진, 김동현, 김동춘, 김동섭, 김다영, 김단아, 김남철, 김남희, 김나예, 김기쁨, 김기언, 김규태, 김광민, 김고종호, 김경호, 김경일, 김경엽, 김경숙, 김갑용, 김가연, 기세라, 금현진, 금현숙, 금명순, 권희중, 권혜영, 권태윤, 권자영, 국찬석, 구희숙, 구자혜, 구자숙, 구완희, 구연실, 구수연, 구본희, 구미숙, 굉이눈, 광훈, 곽혜영, 곽현주, 곽진경, 곽노현, 곽노근, 공현, 공영아, 고춘식, 고진선, 고은정, 고은미, 고윤정, 고유준, 고영주, 고영실, 고병헌, 고명연, 고민정, 강화정, 강현주, 강현정, 강현이, 강하아, 강태식, 강진영, 강준희, 강인성, 강이진, 강은영, 강윤진, 강영일, 강영구, 강순원, 강수미, 강수돌, 강성규, 강석도, 강서형, 강병용, 강경모

※ 2021년 2월 09일 기준 819명

* 이 책의 본문은 재생 용지를 사용해서 만들었습니다.
* 생태 보존과 자원 재활용을 위해 표지 코팅을 하지 않았습니다.